SIMPLIFICANDO OS
Negócios

ELOGIOS A *SIMPLIFICANDO OS NEGÓCIOS*

"*Simplificando os Negócios* transformou nossa empresa. Estamos ganhando mais impulso do que nunca e temos clareza e propósito."

— James Thorne, Quirk Growth

"*Simplificando os Negócios* me ajudou a tirar meu escritório de advocacia do papel. Aprendi a construir e a controlar a receita, enquanto presto um serviço de alta qualidade para os meus clientes."

— Mariah Street, Legacy Street Law

"*Simplificando os Negócios* me ajuda a entrar em qualquer empresa e a torná-la bem-sucedida."

— Samidha Singh, estudante

"*Simplificando os Negócios* é o antídoto cotidiano perfeito para aspirantes a empreendedores, que, em sua busca pelo sucesso nos negócios, complicam, negligenciam ou simplesmente se esquecem do básico."

— Donald St. George, Sherlock Aviation Consulting

"Ler *Simplificando os Negócios* é uma parte essencial da minha rotina matinal."

— Craig Dacy, Craig Dacy Financial Coaching

"Assistir aos vídeos de *Simplificando os Negócios* tem sido uma ótima maneira de começar o dia. A prática me faz pensar nas ideias fundamentais que me ajudarão a vencer desde os primeiros minutos do dia."

— Stuart Montgomery, Twin Pines Lawn Care

DONALD MILLER
Autor do best-seller *Storybrand*

SIMPLIFICANDO OS Negócios

60 DIAS para
Dominar Liderança, Vendas, Marketing, Execução, Gestão, Produtividade Pessoal e Muito Mais

ALTA BOOKS
GRUPO EDITORIAL
Rio de Janeiro, 2023

Simplificando os Negócios

Copyright © 2023 da Starlin Alta Editora e Consultoria Eireli.
ISBN: 978-65-5520-707-1

Translated from original Business Made Simple. Copyright © 2021 by Donald Miller. ISBN 978-1-4002-0381-9. This translation is published and sold by permission of HarperCollins Focus LLC, the owner of all rights to publish and sell the same. PORTUGUESE language edition published by Starlin Alta Editora e Consultoria Eireli, Copyright © 2023 by Starlin Alta Editora e Consultoria Eireli.

Impresso no Brasil — 1ª Edição, 2023 — Edição revisada conforme o Acordo Ortográfico da Língua Portuguesa de 2009.

Dados Internacionais de Catalogação na Publicação (CIP) de acordo com ISBD

M647s   Miller, Donald
Simplificando os negócios: 60 Dias para Dominar Liderança, Vendas, Marketing, Execução, Gestão, Produtividade Pessoal e Muito Mais / Donald Miller ; traduzido por Carolina Palha. – Rio de Janeiro : Alta Books, 2023.
240 p. : 16m x 23cm.

Tradução de: Business Made Simple
Inclui índice.
ISBN: 978-65-5520-707-1

1. Administração. 2. Negócios. I. Palha, Carolina. II. Título.

2022-1257
CDD 658.4012
CDU 65.011.4

Elaborado por Vagner Rodolfo da Silva - CRB-8/9410

Índice para catálogo sistemático:
1. Administração : Negócios 658.4012
2. Administração : Negócios 65.011.4

Todos os direitos estão reservados e protegidos por Lei. Nenhuma parte deste livro, sem autorização prévia por escrito da editora, poderá ser reproduzida ou transmitida. A violação dos Direitos Autorais é crime estabelecido na Lei nº 9.610/98 e com punição de acordo com o artigo 184 do Código Penal.

A editora não se responsabiliza pelo conteúdo da obra, formulada exclusivamente pelo(s) autor(es).

Marcas Registradas: Todos os termos mencionados e reconhecidos como Marca Registrada e/ou Comercial são de responsabilidade de seus proprietários. A editora informa não estar associada a nenhum produto e/ou fornecedor apresentado no livro.

Erratas e arquivos de apoio: No site da editora relatamos, com a devida correção, qualquer erro encontrado em nossos livros, bem como disponibilizamos arquivos de apoio se aplicáveis à obra em questão.

Acesse o site www.altabooks.com.br e procure pelo título do livro desejado para ter acesso às erratas, aos arquivos de apoio e/ou a outros conteúdos aplicáveis à obra.

Suporte Técnico: A obra é comercializada na forma em que está, sem direito a suporte técnico ou orientação pessoal/exclusiva ao leitor.

A editora não se responsabiliza pela manutenção, atualização e idioma dos sites referidos pelos autores nesta obra.

Produção Editorial
Editora Alta Books

Diretor Editorial
Anderson Vieira
anderson.vieira@altabooks.com.br

Editor
José Ruggeri
j.ruggeri@altabooks.com.br

Gerência Comercial
Claudio Lima
claudio@altabooks.com.br

Gerência Marketing
Andrea Guatiello
andrea@altabooks.com.br

Coordenação Comercial
Thiago Biaggi

Coordenação de Eventos
Viviane Paiva
comercial@altabooks.com.br

Coordenação ADM/Finc.
Solange Souza

Direitos Autorais
Raquel Porto
rights@altabooks.com.br

Assistente Editorial
Mariana Portugal

Produtores Editoriais
Illysabelle Trajano
Maria de Lourdes Borges
Paulo Gomes
Thales Silva
Thiê Alves

Equipe Comercial
Adriana Baricelli
Ana Carolina Marinho
Daiana Costa
Fillipe Amorim
Heber Garcia
Kaique Luiz
Maira Conceição

Equipe Editorial
Beatriz de Assis
Betânia Santos
Brenda Rodrigues
Caroline David
Gabriela Paiva
Henrique Waldez
Kelry Oliveira
Marcelli Ferreira
Matheus Mello

Marketing Editorial
Jessica Nogueira
Livia Carvalho
Marcelo Santos
Pedro Guimarães
Thiago Brito

Atuaram na edição desta obra:

Revisão Gramatical
Edite Siegert
Kamila Wozniak

Tradução
Carolina Palha

Copidesque
Isis Rezende

Diagramação
Heric Dehon

Diagramação
Joyce Matos

Editora afiliada à: ASSOCIAÇÃO BRASILEIRA DE DIREITOS REPROGRÁFICOS

ASSOCIADO CBL - Câmara Brasileira do Livro

ALTA BOOKS EDITORA

Rua Viúva Cláudio, 291 — Bairro Industrial do Jacaré
CEP: 20.970-031 — Rio de Janeiro (RJ)
Tels.: (21) 3278-8069 / 3278-8419
www.altabooks.com.br — altabooks@altabooks.com.br
Ouvidoria: ouvidoria@altabooks.com.br

Em memória de Brian Hampton, que foi meu editor por quinze anos. Ele me ensinou sobre livros e negócios; mas, principalmente, sobre bondade e caráter. Você faz falta.

Sinta-se à vontade para ler este livro de uma vez. No entanto, se quiser aprender aos poucos os conceitos de *Simplificando os Negócios*, visite BusinessMadeSimple.com/Daily para receber vídeos diários, em inglês, que coincidirão com a lição de cada dia. Em apenas dois meses, você obterá uma educação em negócios pela qual muitas pessoas pagam milhares de reais em instituições da área. Este livro o capacitará com as habilidades práticas para ganhar e economizar dinheiro para você — e para qualquer organização. Este livro o ensinará a liderar uma equipe, a vender mais produtos e a administrar um negócio.

Reiterando, para receber os vídeos diários que acompanham os conceitos deste livro, visite BusinessMadeSimple.com/Daily ou envie um e-mail em branco para:

VIDEOS@BUSINESSMADESIMPLE.COM

O conteúdo online oferecido pelo autor é de responsabilidade dele, não do Grupo Editorial Alta Books, não sendo fundamental para o entendimento da obra.

Para obter o máximo deste livro:

1. Assista a um vídeo por dia durante os próximos sessenta dias (exceto aos finais de semana).
2. Leia o conceito diário que o acompanha.
3. Pratique o que você aprendeu em sua própria empresa ou na empresa para a qual trabalha para se tornar um profissional orientado para o valor.

* Para receber em seu e-mail vídeos diários, em inglês, que se alinham com os conceitos deste livro, envie um e-mail em branco para videos@businessmadesimple.com.

Profissional Orientado para o Valor

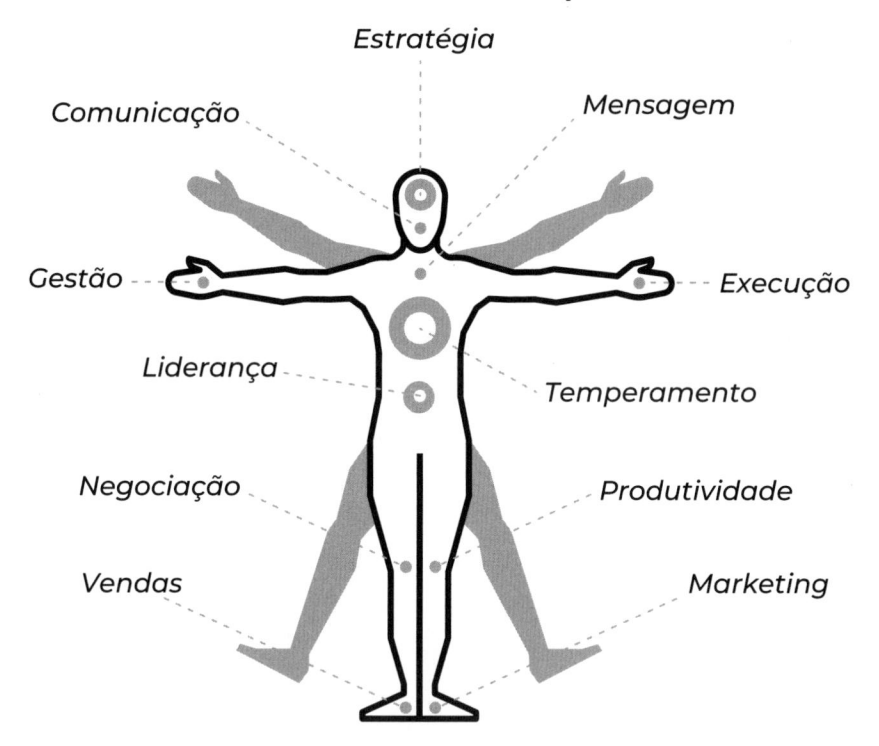

- Estratégia
- Comunicação
- Mensagem
- Gestão
- Execução
- Liderança
- Temperamento
- Negociação
- Produtividade
- Vendas
- Marketing

Uma educação sólida em negócios não deve custar milhares de reais e deve se concentrar no ensino de habilidades práticas, que se traduzam em sucesso nos negócios. Este livro foi elaborado para ajudar você e a sua equipe a se tornarem orientados para o valor. Profissionais assim fazem mais em menos tempo, criam menos estresse, geram mais clareza e ganham mais para si próprios e para aqueles que representam.

Uma equipe repleta de profissionais orientados para o valor é irrefreável.

"Nós não devemos confiar nas pessoas que dizem que apenas as pessoas livres podem ser educadas, mas sim nos amantes da sabedoria que dizem que apenas os educados podem ser livres."

— EPICTETO, *Discursos de Epicteto*, 2.1.21–23a

SUMÁRIO

INTRODUÇÃO		XVII
CAPÍTULO UM:	**PONTAPÉ DE DUAS SEMANAS**	1
CAPÍTULO DOIS:	**SIMPLIFICANDO A LIDERANÇA**	29
CAPÍTULO TRÊS:	**SIMPLIFICANDO A PRODUTIVIDADE**	51
CAPÍTULO QUATRO:	**SIMPLIFICANDO A ESTRATÉGIA**	69
CAPÍTULO CINCO:	**SIMPLIFICANDO A MENSAGEM**	93
CAPÍTULO SEIS:	**SIMPLIFICANDO O MARKETING**	109
CAPÍTULO SETE:	**SIMPLIFICANDO A COMUNICAÇÃO**	125
CAPÍTULO OITO:	**SIMPLIFICANDO AS VENDAS**	141
CAPÍTULO NOVE:	**SIMPLIFICANDO A NEGOCIAÇÃO**	157
CAPÍTULO DEZ:	**SIMPLIFICANDO A GESTÃO**	169
CAPÍTULO ONZE:	**SIMPLIFICANDO A EXECUÇÃO**	187
PARABÉNS		203
AGRADECIMENTOS		207
ÍNDICE		209
SOBRE O AUTOR		215

INTRODUÇÃO

Dois candidatos concorrem a uma promoção. O novo cargo é uma posição de liderança que exigirá uma ampla gama de habilidades.

O Candidato 1 se graduou em uma universidade de prestígio, ama as pessoas, demonstrou uma forte ética de trabalho e é dedicado à empresa.

Quando questionado sobre o que agregará à equipe, ele diz que levará paixão, uma atitude positiva e um espírito de grupo.

O Candidato 2 já leu este livro e assistiu aos vídeos que o acompanham. Não só isso, ele mergulhou profundamente no material e aprimorou suas habilidades em sua posição anterior.

Mesmo não tendo se graduado em uma universidade de prestígio, ele sabe oferecer um valor tangível a qualquer empresa.

Quando perguntam o que o Candidato 2 agregará à equipe, ele afirma que levará um conjunto de traços essenciais de temperamento que comprovadamente predizem o sucesso. E também um conjunto de dez competências essenciais que farão a empresa economizar e ganhar dinheiro de imediato. Listando esses traços, ele mostra que:

1. **Ele sabe como um negócio realmente funciona.** Ele não é ingênuo quanto à importância da relação atividade-produto e à do fluxo de caixa positivo para todos os departamentos.

2. **Ele é um líder objetivo e persuasivo.** Ele consegue alinhar e inspirar uma equipe, guiando-a por um processo por meio do qual criará uma declaração de missão e princípios norteadores.
3. **Ele é produtivo.** Ele domina um sistema específico que implementa todos os dias para fazer mais em menos tempo.
4. **Ele sabe esclarecer uma mensagem.** Ele é capaz de guiar uma equipe por meio de uma estrutura na qual cria uma mensagem clara, promovendo qualquer produto ou visão para engajar os clientes e os acionistas.
5. **Ele sabe criar uma campanha de marketing.** Ele sabe criar um funil de vendas para converter clientes interessados em compradores.
6. **Ele sabe vender.** Ele domina uma estrutura na qual apresenta produtos para leads qualificados e os consulta até que um contrato valioso seja assinado.
7. **Ele é um grande comunicador.** Ele sabe fazer um discurso que informa e inspira uma equipe, resultando em uma ação clara que afeta positivamente os resultados financeiros.
8. **Ele é um bom negociador.** Ele não negocia com base nos seus instintos. Em vez disso, ele segue um conjunto simples de procedimentos que o orienta para o melhor resultado possível.
9. **Ele é um bom gestor.** Ele sabe criar um processo produtivo medido por indicadores-chave de desempenho (KPI), que garante a eficiência e a rentabilidade.
10. **Ele sabe operar um sistema de execução.** Ele domina uma estrutura que garante que uma equipe altamente capacitada faça as coisas certas.

Dois candidatos responderam à mesma pergunta, mas qual candidato se destacou?

O Candidato 2 vai conseguir a vaga. E, logo depois, receberá um aumento. E, então, outra promoção e outro aumento. Por quê? Porque ele tem habilidades tangíveis, que poupam a frustração das suas equipes e que fazem dinheiro para ele e para a empresa. Resumindo, ele é um excelente investimento.

Independentemente de você trabalhar por conta própria ou em uma empresa, dar a seus clientes ou a seu chefe um retorno incrível sobre o investimento é o segredo para construir a sua riqueza pessoal. Cada um dos membros da equipe da minha empresa é um excelente investimento; caso contrário, eles nem sequer teriam sido contratados. E, embora eu seja o dono da empresa, também preciso ser um profissional orientado para o valor. Se meus produtos e eu não formos um bom investimento econômico, minha carreira e minha empresa estarão condenadas. Cada um de nós tem que acordar de manhã e dar às pessoas um retorno sobre o tempo, a energia e o dinheiro que elas nos confiam.

Esse é o segredo do sucesso. Se você deseja ter sucesso no trabalho, no amor, nas amizades e na vida, dê às pessoas ao seu redor um grande retorno sobre tudo o que elas investem em você.

Em um ambiente competitivo, toda empresa busca membros de equipes que sejam um bom investimento econômico.

Este livro foi elaborado para transformá-lo em um profissional do mais alto valor econômico.

Infelizmente, poucas das estruturas revolucionárias que apresentamos neste livro são habilidades que você aprendeu na faculdade.

Em vez de estudar uma campanha publicitária destinada a vender pasta de dente para famílias suburbanas na década de 1970, o que aconteceria se você aprendesse a gerenciar uma equipe, a lançar um produto, a comercializá-lo e a vendê-lo, e, em seguida, a revisar todo o processo para obter uma eficiência ainda maior?

Quanto mais valioso você seria no mercado aberto se realmente soubesse como ganhar muito dinheiro para uma empresa?

Como muitos de nós não temos educação prática e real em negócios, nós nos pegamos nos perguntando secretamente se temos o que é preciso para fazer o trabalho e tememos que a qualquer dia sejamos expostos como uma fraude.

Não só isso, mas voltar a estudar nas instituições oficiais é caro e demorado. E, se você voltar para uma delas, aprenderá algo útil ou estudará mais anúncios de pasta de dente?

A verdade é que, se você dominar as lições apresentadas neste livro — as dez características de um profissional orientado para o valor com as dez competências essenciais para sê-lo —, aumentará drasticamente seu valor pessoal no mercado aberto. Você também se tornará um destruidor em seu trabalho.

Ninguém alcançará você.

Mal sabíamos, quando fomos para a faculdade, que as festas, as multidões nos jogos de futebol, as horas de jogos frívolos, o sono durante as palestras sobre as tendências do mercado global e os grupos de estudo nos quais tentávamos prever quais questões cairiam nas provas não nos tornariam mais valiosos no mercado aberto.

Este livro fará exatamente isso.

Porque ele está *Simplificando os Negócios*.

Qual é o seu valor real como profissional? Você tem os traços de temperamento e as habilidades de uma pessoa que pode oferecer um valor extremo para uma empresa? Use este livro para transformar seu valor econômico.

Profissional Orientado para o Valor

* *Aumente seu valor econômico pessoal dominando cada uma das competências essenciais.*

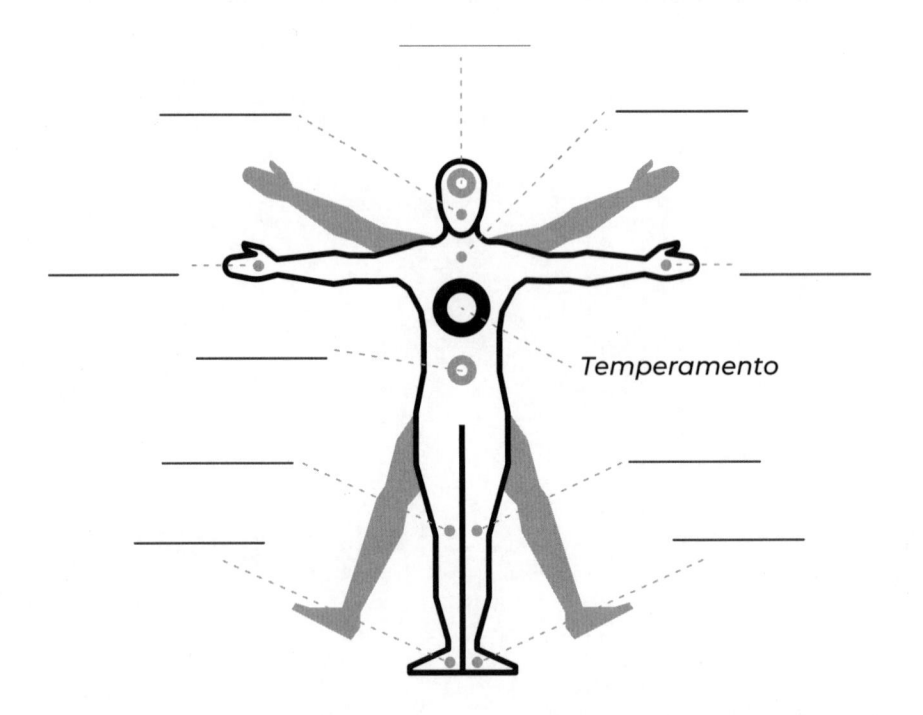

Temperamento

CAPÍTULO UM

PONTAPÉ DE DUAS SEMANAS

As Dez Características do Profissional Orientado para o Valor

INTRODUÇÃO

Nenhuma competência essencial supera um mau caráter.

Se não tivermos um bom caráter, fracassaremos nos negócios e na vida. E nunca nos tornaremos profissionais orientados para o valor.

No final, mesmo que consigamos ganhar dinheiro para uma empresa, se não tivermos caráter, perderemos tudo o que fizermos.

Por esse motivo, vamos começar com um mergulho de duas semanas nos traços de temperamento de que precisamos para agregar valor para os clientes e para as pessoas com quem trabalhamos.

Então, quais são as características necessárias para nos tornarmos profissionais orientados para o valor?

Além da integridade e de uma forte ética de trabalho, o que difere as pessoas bem-sucedidas das malsucedidas? Em que um indivíduo de grande valor econômico no local de trabalho acredita, e um de menor valor não?

No fim das contas, uma pessoa que se destaca na força de trabalho se vê de maneira diferente daquela do profissional médio. E, como se vê de maneira diferente, ela age também de maneira diferente.

Como escritor, tive o prazer de conversar com pessoas que oferecem um valor extremo ao mundo. Algumas delas são bem conhecidas e, de outras, você nunca nem ouviu falar. Mas cada uma delas se destaca em sua área. Pude sentar-me com chefes de estado, treinadores profissionais, atletas talentosos, inventores e heróis da justiça social. E o que percebi em cada um deles foi que aceitaram o fato de que, para agregar valor aonde quer que fossem, precisariam incorporar um conjunto incomum de traços de temperamento.

O que se segue nos próximos dez dias são as características que os profissionais orientados para o valor têm em comum.

E os traços de temperamento de que falo o surpreenderão.

Essa não é aquela lista que você já conhece, que começa com ser diligente e trabalhar pesado. Quando se trata de ter sucesso, esses traços são importantes, mas há alguns que o são ainda mais.

Por exemplo, todas as pessoas de sucesso que entrevistei se viam como um produto econômico no mercado aberto. Cada uma delas tinha uma forte tendência à ação. Nenhuma tinha problema em entrar em conflito, em particular quando se tratava de questões de injustiça ou de desigualdade. Cada uma preferia ser respeitada a apreciada. E havia muitas outras semelhanças também.

Chamo esses traços de *as dez características de um profissional orientado para o valor*.

Quem você é como pessoa é a base sobre a qual você desenvolverá as habilidades que se traduzirão em um valor tangível no mercado aberto.

A grande vantagem dos dez traços de um profissional orientado para o valor é que eles podem ser aprendidos. Ler sobre eles e assistir aos vídeos que os acompanham já vai começar a mudar a forma como você vê a si mesmo e o mundo.

Leia cada conceito e assista a cada vídeo correspondente. Os primeiros dez dias deste livro o surpreenderão, informarão e inspirarão.

Mais uma vez, para receber os vídeos diários gratuitos que acompanham este livro, em inglês, visite BusinessMadeSimple.com/daily ou envie um e-mail em branco para videos@businessmadesimple.com.

DIA 1

Traço de Temperamento — Ver a Si Mesmo como um Produto Econômico no Mercado Aberto

Profissionais orientados para o valor se veem como um produto econômico no mercado aberto.

Como as pessoas mais bem-sucedidas se veem? Elas se veem como um produto econômico no mercado aberto e, como mencionado na introdução, são obcecadas por obter um forte retorno sobre o investimento feito nelas.

Sei que parece utilitarista dizer que você deve se ver como um produto econômico, mas esse paradigma simples é o segredo para vencer na carreira.

Claro, não estou falando sobre seu valor intrínseco como ser humano. Estou falando sobre seu valor no ecossistema que é a economia moderna.

Eis a verdade. Pessoas obcecadas por serem um bom investimento atraem mais investimentos e passam a desfrutar de mais valor econômico pessoal. Quando você oferece um maior valor econômico dentro do ecossistema econômico, ganha um salário maior, recebe mais responsabilidades e promoções, e é procurado por clientes que buscam valor. Da mesma forma, quem resiste a essa ideia de ser um produto econômico no mercado aberto não atrai investimento econômico e, portanto, não consegue desfrutar dos benefícios que advêm de dar às pessoas um grande retorno sobre seu investimento.

A maioria, senão todas, das pessoas que você respeita dá aos outros um excelente retorno sobre o investimento. Amamos os atletas que têm o melhor desempenho e pagaremos alto para vê-los competir. Amamos as atrizes e os atores que nos fazem rir ou chorar e pagaremos mais para vê-los atuar. E amamos as empresas que nos vendem produtos que resolvem qualquer problema que lhes apresentemos.

Assim como um desses profissionais de alto desempenho, você pode se tornar um excelente investimento.

Quando você entra em uma sala, as pessoas sabem instintivamente que podem apostar em você?

Como podemos ter sucesso na vida e nos negócios? Comprovando que somos bons investimentos.

Nos negócios, seu chefe (ou seus clientes) pode gostar de você, mas, em grande parte, ele o vê como um investimento econômico. E não há nada de errado nisso. Alguns até diriam que, quando se é visto dessa forma, a relação é honesta. Afinal, seus amigos não pagam para você ficar perto deles; seus clientes e colegas de equipe, sim.

Um membro de equipe dos sonhos para qualquer empregador é aquele que busca obter para seu chefe um retorno de investimento de, pelo menos, 5X. Sei que parece loucura, mas, tirando o custo das despesas gerais e auxiliares, um retorno de, pelo menos, 5X sobre alguém representa um lucro mínimo para a empresa. Isso significa que, se recebemos um salário de R$50 mil, devemos procurar fazer com que a empresa em que trabalhamos receba, pelo menos, R$250 mil, para que ela se mantenha saudável e cresça.

À medida que crescemos em nossas carreiras e continuamos a oferecer valor, uma boa empresa nos elevará e nos pagará mais para que continuemos a multiplicar o seu investimento.

Um empresário ou membro de equipe sagaz sempre procurará maneiras de fazer com que os clientes ou a empresa em que trabalham gerem cada vez mais dinheiro, para que, cada vez mais, a porcentagem que valem aumente.

Isso não se aplica apenas aos membros das equipes. Aplica-se a mim, como escritor e empresário. A única maneira de ter sucesso é fazendo outras pessoas ganharem muito dinheiro. A verdade é que só consigo ficar com uma pequena porcentagem dele.

Então, como nos tornamos ridiculamente bem-sucedidos? Fazendo outras pessoas absurdamente bem-sucedidas!

A dura realidade é que qualquer pessoa que não obtenha, pelo menos, 5X de retorno sobre o investimento feito nele é um risco financeiro. Isso significa que, quando você é escolhido para assumir um cargo em uma empresa, seu chefe está apostando a carreira e o sustento no seu desempenho.

O segredo para seguir em frente é se tornar o melhor investimento possível. Se você está gerenciando uma carteira de ações e uma ação está consistentemente superando as outras, você moverá mais do seu dinheiro para ela. O mesmo se aplica ao escolher quais membros da equipe promover. Os líderes sempre moverão mais recursos para os membros que lhes proporcionarem o maior retorno sobre o investimento.

Em seu livro *Administração de Alta Performance*, Andrew Grove, ex-CEO da Intel, disse: "Como regra geral, você tem que aceitar que, onde quer que trabalhe, você não é um funcionário — você é uma empresa de um funcionário: você mesmo. Você compete com milhões de empresas semelhantes. Há milhões de outras pessoas em todo o mundo acelerando o ritmo, capazes de fazer o mesmo trabalho que você e talvez mais ansiosas por fazê-lo."

Você consegue articular seu valor econômico para a empresa para a qual trabalha? Se trabalha no atendimento ao cliente, consegue calcular quantas vendas você salva, quantas impressões negativas ajuda a empresa a evitar? Você acha que a empresa ganha cinco vezes o seu salário porque você aparece todos os dias? Se sim, terá sucesso. Todo mundo busca um bom investimento e se despoja dos ruins. Considere isso uma lei natural.

Se você possui uma empresa, consegue articular como seus clientes obtêm retorno sobre o investimento financeiro em você? A tinta que você vende dura mais? A grama que você corta economiza o tempo de seus clientes e lhes dá uma sensação de orgulho da própria casa?

Se você é um investimento que obtém retorno, atrairá negócios, responsabilidades, promoções e uma remuneração maior.

Os líderes empresariais de sucesso vivem de forma que sejam excelentes investimentos. Você também deve conduzir sua vida assim.

Quer saber como fazer isso? O restante deste livro lhe dará habilidades práticas e as estruturas que aumentarão drasticamente seu valor no mercado aberto. Continue lendo e continue assistindo aos vídeos diários.

> **Dica do Dia para Simplificar os Negócios Hoje**
>
> Profissionais orientados para o valor se veem como um produto econômico no mercado aberto e são obcecados por dar às pessoas um ótimo retorno sobre seu investimento.

DIA 2
Traço de Temperamento — Ver a Si Mesmo como um Herói, Não como uma Vítima

Um profissional orientado para o valor se vê como um herói, não como uma vítima.

Se você me pedisse para prever se alguém terá sucesso na vida, eu responderia com uma pergunta: Com que frequência ele se posiciona como vítima?

O que quero dizer com vítima? Quero dizer: com que frequência essa pessoa fala como se não estivesse no controle de sua vida e seu futuro? Ela acredita que o destino foi cruel com ela? Acredita que as outras pessoas são responsáveis pelos seus problemas? Acredita que o mercado, o clima ou as estrelas estão conspirando contra ela para impedi-la de ter sucesso?

Nesse caso, ela não terá sucesso.

A triste verdade é que muitas pessoas realmente são vítimas. Têm opressores. Mas a diferença entre ser uma vítima e um herói é que a vítima se deita enquanto o herói se levanta e vence todos os desafios e opressores.

Cresci pobre. Passei minha infância em residências públicas. Nossa família fazia fila pela alimentação do governo. Havia fatores econômicos que dificultavam tudo para a nossa família. Meu pai nos deixou e nunca mais falou conosco quando minha irmã e eu éramos crianças, e minha mãe tinha que trabalhar muitas horas só para nos sustentar. Foi somente em seus últimos anos de trabalho que ela passou a receber um salário mínimo.

Mas, à medida que crescíamos (e confesso que lutava contra uma mentalidade de vítima e uma atitude de derrotismo), minha mãe fez algo incrível. Com 50 e tanto anos, ela voltou a estudar, graduou-se e fez mestrado, apenas para se aposentar. Por quê? Porque ela queria que seus filhos soubessem que podiam realizar qualquer coisa. Ela não queria que minha irmã e eu acreditássemos que éramos o legado de uma vítima.

A realidade é que eu (como homem branco) tive um grande privilégio neste mundo, embora tenha crescido pobre. Ninguém nunca temeu a cor da minha pele, e portas que não se abrem para muitos se abriram para mim. E ainda assim não foi fácil. Todos nós, porém, como minha mãe, podemos parar de nos vermos como vítimas para nos vermos como heróis trabalhando em uma missão.

Nunca, jamais, deixe alguém o abater forçando-o a ser vítima. Se você se vir como vítima, as pessoas sentirão pena de você ou se sentirão bem consigo mesmas ao tentar resgatá-lo, mas você mesmo desempenhará um pequeno papel na sua história.

Lute pelo seu direito de ter sucesso neste mundo, e milhões lutarão com você. As pessoas adoram se juntar a um herói em uma missão.

Ao observar pessoas de sucesso, você notará que a maioria delas tem uma forte aversão a se ver como vítimas. E isso é uma coisa boa.

Nas histórias, a vítima é o coadjuvante. A vítima existe para mostrar que o vilão é mau e que o herói é bom. É isso. Elas não crescem, mudam, transformam-se nem recebem nenhum tipo de reconhecimento no final da história. E essa é uma das muitas razões para você nunca bancar a vítima.

Quando digo vítima nesse contexto, quero dizer "vítima" entre aspas, porque muitos de nós bancamos a vítima, embora não o sejamos.

A vítima é um personagem que não tem saída. Ela precisa de resgate ou se machucará de alguma forma.

Mas, em geral, você e eu temos saída. Temos a tendência de passar para o modo vítima quando algo fica difícil. Quando queremos empatia. Ou quando não queremos assumir a responsabilidade por nossas ações.

Bancar a vítima significa culpar a situação pelas nossas deficiências, e não a nós mesmos. Se não trabalharmos o necessário para realizar algo, podemos culpar nossas ferramentas, nossos colegas de trabalho ou o prazo. Mas a verdade é que teríamos dado conta trabalhando um pouco mais.

Bancar a vítima pode ser tentador. Muitas vezes as vítimas não levam a culpa, porque, afinal de contas, estão desamparadas. As vítimas também atraem recursos e talvez até um salvador que faça o trabalho por elas.

O problema de bancar a vítima é que só funciona uma vez. As pessoas se cansam de estar perto de "falsas vítimas", porque, quando se está perto de uma delas, você sempre acaba tendo que fazer o trabalho por ela. Chega um ponto em que a falsa vítima rouba recursos e ajuda das vítimas reais.

Profissionais competentes podem lidar com qualquer tipo de desafio — até mesmo os mais injustos — e ainda assim encontrar uma maneira de vencê-lo. Todos nós sofremos injustiças em algum momento, mas são os heróis que vencem seus opressores para cumprir sua importante missão.

No final do filme, a vítima é retirada em uma ambulância, mas o herói, ensanguentado e dilacerado pela luta contra o opressor, é recompensado.

Na vida, o papel de vítima (todos nós o somos às vezes) é temporário. O que fazemos quando somos vítimas? Pedimos ajuda. Em seguida, reunimos a força necessária para nos transformar novamente em heróis.

Você notará que as pessoas mais influentes e bem-sucedidas aprendem rapidamente com seus erros, têm uma ânsia de provar seu valor sem pedir caridade e assumem a responsabilidade por suas deficiências, na esperança de provar a si mesmas da próxima vez que tiverem uma chance.

As vítimas não lideram o ataque à luta. Elas não resgatam outras pessoas. Não ganham força e vencem seu sequestrador. Somente os heróis fazem essas coisas.

Só você pode decidir se é uma vítima ou um herói. Não é uma identidade que eu ou qualquer outra pessoa atribuímos a você. Tudo é uma questão de como você se vê.

Peço que opte por não se ver como vítima. Isso encerrará seu desenvolvimento pessoal. É verdade que algumas pessoas precisam superar mais do que outras. Mas, quanto mais você supera, maior é sua história heroica.

Se tem um desafio e fica tentado a se ver como uma vítima, lembre-se disto: aqueles que viajam mais longe chegarão com mais força. Continue a lutar. Não desista.

Confesso que a luta para não me ver como vítima é uma batalha contínua. Na verdade, a mentalidade de vítima costuma ser minha reação instintiva. Aceitando críticas construtivas de um amigo ou sendo criticado por um engraçadinho na internet, tenho que lembrar a mim mesmo de que não sou vítima. Existem vítimas reais neste mundo que precisam de ajuda. Sou um herói tentando aprender e melhorar, porque, como você, sou um herói com a missão de transformar o mundo. Quero que todo ser humano tenha uma formação em negócios que o torne um profissional orientado para o valor.

O que devo fazer diante dos desafios, então, é enfaixar minhas feridas e continuar a luta.

Você deve fazer o mesmo. Sua missão é muito importante para sofrer o destino da vítima.

Seja o herói.

> **Dica do Dia para Simplificar os Negócios Hoje**
>
> Um profissional orientado para o valor se vê como um herói em uma missão, não como uma vítima.

DIA 3
Traço de Temperamento — Saiba Reduzir o Drama

Um profissional orientado para o valor sabe reduzir o drama.

Aqui está algo que você notará sobre os grandes líderes: eles sabem reduzir o drama.

Quanto melhor você ficar em manter a calma e ajudar os outros ao redor a fazê-lo, mais respeitado você será e mais será escolhido para subir.

O drama desnecessário acontece quando uma pessoa está tentando chamar a atenção para si mesma. Algumas pessoas só cumprem seus objetivos com drama. Se não quiser que as pessoas o critiquem, por exemplo, reaja exageradamente às críticas sendo dramático e garantirá que elas nunca o façam de novo. Isto é, na sua cara. Ser dramático, infelizmente, acarreta ser criticado o dia todo pelas costas.

Uma pessoa dramática suga a energia da sala para si mesma. Isso é perfeitamente apropriado para um ator no palco; mas, na vida real, e em particular em um ambiente de negócios, isso aniquilará a sua carreira.

Cada pessoa tem uma certa quantidade de energia para gastar por dia. Com essa energia, ela atende às suas próprias necessidades, às dos colegas de trabalho e às dos entes queridos. Pessoas dramáticas, no entanto, roubam sua energia, e não sobra nada para você cuidar de si mesmo ou dos outros.

Por esse motivo, pessoas dramáticas podem ser desanimadoras, e a maioria tenta ficar longe delas.

Então, como se tornar alguém que, em vez de criar, reduz o drama?

O segredo é trancar os portões do drama.

Se você classificar uma situação em uma escala de 1 a 10 em relação ao drama que ela merece, o segredo para ser uma pessoa equilibrada é atingir esse nível na escala ou manter-se abaixo dele.

Se alguém se conectou ao seu computador para verificar o e-mail pessoal e se esqueceu de sair, e sua reação foi jogar o computador no meio da sala, você abriu — demais — os portões do drama. Você exagerou.

Eis a ideia geral:

Respeitamos as pessoas que reagem um pouco abaixo, não acima, do nível de drama que uma situação merece. Confiamos em pessoas que permanecem calmas e reduzem o drama, para que a energia crucial necessária para lidar com uma situação verdadeiramente importante não seja desperdiçada.

Neil Armstrong, o primeiro homem a andar na Lua, desenvolveu a reputação de ser imperturbável em qualquer situação. Não importava o caos que acontecesse ao redor, ele pousaria a nave e, mais tarde, ajudaria a pousar um módulo lunar na Lua. Quando encarregado de algo monumental, ser uma pessoa dramática não servirá a seus interesses.

Então, como você reduz o drama?

Uma pergunta crucial a se fazer durante uma situação dramática é esta: Como uma pessoa calma e calculada lidaria com essa situação?

Você ficará surpreso ao ver como uma resposta certa se torna clara quando você se afasta emocionalmente de uma situação e responde como se estivesse escrevendo o roteiro, em vez de vivendo dentro dele.

Certa vez, um amigo disse que estava discutindo com a esposa e, quando saiu de si mesmo para assistir à cena como se fosse um filme, percebeu que estava sendo um idiota dramático. Em vez de intensificar o drama, ele confessou à esposa que se sentiu envergonhado pela forma como estava agindo, pediu alguns minutos e depois voltou e se desculpou.

Após eles se reconciliarem, ele ficou surpreso ao ver o quanto ela o respeitava por ele ter reduzido o drama em vez de lutar até vencer a discussão.

A verdade é que nenhum de nós precisa ser refém das nossas emoções. Nossas emoções não precisam se tornar ações.

Com o tempo, uma pessoa que permanece fria sob pressão e reduz o drama ganhará respeito e será escolhida para liderar.

> **Dica do Dia para Simplificar os Negócios Hoje**
>
> Um profissional orientado para o valor reduz o drama.

DIA 4
Traço de Temperamento — Entenda o Feedback como um Presente

Um profissional orientado para o valor sabe que o feedback é um presente.

Quando nascemos, as pessoas se reuniram ao nosso redor maravilhadas. Todos queriam nos abraçar, elogiar e celebrar nossa existência. Por quê? Porque nada merece mais amor incondicional do que um recém-nascido.

À medida que envelhecemos, porém, mais se espera de nós. Aprendemos o que é seguro e o que é perigoso, o que é apropriado e o que é inapropriado, e, mais tarde, o que é moral e o que é imoral.

A marca do adulto competente é a capacidade de aceitar feedback. A marca da criança é a expectativa de receber elogios mesmo sem mérito.

As crianças são elogiadas por simplesmente existirem, enquanto se espera que os adultos aprendam, melhorem e retribuam.

Embora muitas vezes seja difícil aceitar o feedback, em particular se não for pedido, a capacidade de fazer isso é um sinal de maturidade e lhe dará uma vantagem competitiva no mercado.

Aqueles que aceitam feedback de mentores e de amigos de confiança são capazes de aprimorar suas habilidades sociais e profissionais.

Muitas das pessoas mais bem-sucedidas do mundo estabeleceram uma rotina na qual recebem feedback dos colegas.

Você também pode estabelecer uma rotina na qual obterá feedback sobre seu desempenho profissional. Você pode fazer um trabalho melhor? Pode fazer melhor em relação ao cumprimento dos prazos? Existem técnicas que não conhece que o tornariam mais produtivo ou eficiente? Você irrita as pessoas ao redor com comportamentos antiprofissionais?

Na minha empresa, cada membro da equipe tem uma reunião semanal com o chefe e recebe uma avaliação trimestral de desempenho. Nessas reuniões honestas, o desempenho é criticado para que possa melhorar. Então, no final do ano, um pacote de remuneração é entregue com base nesse desempenho. Responder ao feedback, então, está diretamente associado ao seu valor econômico pessoal.

Se a empresa para a qual você trabalha não possui um sistema de execução no qual você obtém feedback, marque uma reunião trimestral em sua agenda com um mentor ou amigo que trabalhe a seu lado em alguma função. Peça feedback a ele. Sempre pergunte em que você pode melhorar.

Para estabelecer um ciclo de feedback em sua vida, considere estas ideias:

1. Escolha pessoas que tenham os seus melhores interesses em mente.
2. Agende reuniões regulares — por trimestre ou mês.
3. Estabeleça um conjunto de perguntas de rotina:

Você já me viu agir de forma não profissional?
Você notou se tenho deixado algo passar?
O que estou fazendo que possa melhorar?

As observações honestas dos seus amigos de confiança são os nutrientes que ajudarão a desenvolver seus músculos profissionais.

Depois que lhe oferecerem feedback, pergunte se algo ficou de fora. Talvez haja algo que você nem sequer tenha percebido, mas precisa saber para melhorar.

Agradeça-lhes pelo feedback e aplique o que eles compartilharam em seu trabalho. O feedback não tem sentido, a menos que seja usado para nos ajudar a mudar e a agir.

Aceitar e assimilar o feedback pode ser sua arma secreta para se tornar um profissional competente e poderoso. Poucas pessoas têm a capacidade de ouvir e aceitar feedback. Se o fizer, você crescerá pessoal e profissionalmente de maneiras que nunca imaginou.

> **Dica do Dia para Simplificar os Negócios Hoje**
>
> Os profissionais orientados para o valor estabelecem uma rotina na qual obtêm feedback de pessoas em quem confiam. Eles o usam para crescer em suas carreiras.

DIA 5

Traço de Temperamento — Saber a Forma Certa de Se Envolver em Conflitos

Um profissional orientado para o valor sabe a forma certa de se envolver em conflitos.

Pessoas que evitam conflitos raramente são escolhidas para liderar.

Por quê? Porque todo progresso humano acontece por meio do conflito. Você não pode escalar uma montanha, construir uma ponte, criar uma comunidade ou desenvolver um negócio sem se envolver em conflitos.

A ambição positiva sempre encontrará resistência.

A principal função de um gerente é navegar pelo conflito. Esteja ele conversando com um cliente insatisfeito, demitindo um funcionário de baixo desempenho, relatando dados desfavoráveis ou enfrentando um concorrente, conflito e sucesso andam de mãos dadas.

Se você evitar o conflito, não terá sucesso.

Então, como navegamos no conflito de forma a beneficiar a nós mesmos e a todos ao redor? Compreender estas quatro táticas ajudará qualquer pessoa a navegar pelo conflito para ter sucesso em sua carreira.

1. **Espere o conflito.** O conflito é um subproduto natural da colaboração. Quando as pessoas trabalham juntas, em uma empresa ou em uma sociedade, haverá tensão em decidir como seguir em frente. O conflito não é errado; é o subproduto do progresso.
2. **Controle as suas emoções.** O conflito sai de controle quando se torna passional. Quando sente desprezo e raiva pela pessoa que enfrenta, desligou a parte racional do seu cérebro e é mais provável que agrave o drama. Permaneça calmo e lógico ao entrar em conflito.
3. **Afirme seu oponente.** Quando as pessoas são confrontadas, sentem-se ameaçadas a nível pessoal. Certifique-se de fazer declarações que afirmem e respeitem o outro, mesmo quando você o confrontar.
4. **Entenda que você pode estar errado.** O conflito aumenta quando os indivíduos consideram suas próprias ideias preciosas. Lembre-se sempre de que o ponto de conflito é o progresso, não provar que você está certo. Decida buscar um rumo positivo, colaborando com quem você está falando para beneficiar a ele e sua carreira.

Um profissional orientado para o valor adora conflitos saudáveis da mesma forma que um atleta profissional adora a dor de um bom treino. É por meio de conflitos e tensões saudáveis que progredimos.

Gerencie bem os conflitos e cada vez lhe darão mais responsabilidades.

> **Dica do Dia para Simplificar os Negócios Hoje**
>
> Um profissional orientado para o valor sabe gerir conflitos.

DIA 6
Traço de Temperamento — Deseje Ser Confiável e Respeitado, Mais do que Apreciado

Um profissional orientado para o valor deseja ser confiável e respeitado mais do que apreciado.

O que as pessoas realmente querem de um líder? Os líderes amadores estão mais preocupados em fazer com que os membros de sua equipe gostem deles do que com que os respeitem. Mas amizade não é o que os membros da equipe mais desejam de seus líderes. O que os membros da equipe mais desejam é objetividade.

Um técnico de basquete que deseja ser mais estimado do que respeitado construirá um time que perderá jogo após jogo.

Certamente, todos querem ser tratados com gentileza e respeito, mas um líder gentil e respeitoso que não estabelece expectativas claras e não treina sua equipe para a vitória a frustrará no longo prazo. E essa frustração custará o seu respeito.

Muitos novos gerentes ficam confusos com as mudanças que percebem na relação com os colegas quando eles são escolhidos para liderar. Pessoas que já foram amigas param de confiar neles. As risadas e as piadas param quando eles entram na sala, e uma distância começa a crescer entre eles e os colegas que servem em suas equipes.

Essa dinâmica é natural.

Essa distância não acontece porque a equipe deixou de gostar do líder. Na verdade, a equipe costuma ter mais respeito pelo amigo do que antes. A distância acontece porque, de repente, a desaprovação de seu antigo amigo pode custar o emprego.

Conforme você crescer em sua carreira, tome cuidado para não levar para o lado pessoal o status recém-conquistado. Em vez de tentar ser apreciado (o que será tentador), ganhe o respeito dos membros da sua equipe.

Aqui estão três coisas que todos respeitam em um líder:

1. **Expectativas claras.** Um líder orientado para o valor concentra-se no quadro geral, mostrando à equipe para onde a empresa ou a divisão está indo. Qual é o objetivo da equipe? Quando você pergunta a uma pessoa o que o chefe espera dela, ela deve saber; do contrário, ela não está sendo bem liderada.
2. **Responsabilidade.** Amy é responsável por entregar relatórios de estoque todos os meses? Espera-se que Brad faça quinze ligações de vendas por dia? Avise a eles e mantenha-os responsáveis reforçando esses compromissos em reuniões regulares.
3. **Recompensas pelo bom desempenho.** Após explicar o quadro geral e definir expectativas individuais claras, reforce que a equipe está fazendo um bom trabalho e a desafie e apoie para fechar as lacunas no desempenho. Não entre em uma de ler mentes. Mesmo que eles atendam claramente às suas expectativas, eles não acreditarão até que você lhes diga.

Quando você define expectativas claras, responsabiliza-se por elas e recompensa o bom desempenho, sua equipe tem sucesso. Gaste menos tempo tentando ser amado e mais esclarecendo as expectativas para a equipe e você conquistará o respeito dela.

> **Dica do Dia para Simplificar os Negócios Hoje**
>
> Um profissional orientado para o valor ganha o respeito da equipe ao definir expectativas claras, designar responsabilidades e recompensar o bom desempenho.

DIA 7
Traço de Temperamento — Tendência à Ação
Um profissional orientado para o valor tem tendência à ação.

Jamais conheci duas pessoas de sucesso que fossem iguais. Conheci pessoas de sucesso que são humildes e outras que são arrogantes. Conheci algumas criativas e outras, não. Conheci pessoas de sucesso com uma energia frenética e outras que são tão tranquilas que você até se pergunta como alcançaram o sucesso.

Sinceramente, tornar-se bem-sucedido tem mais a ver com ser você mesmo do que com qualquer tipo de fórmula. Pessoas diferentes têm superpoderes diferentes, e, quando vivemos plenamente nossos superpoderes, vemos um progresso positivo nas nossas carreiras.

Dito isso, há uma coisa que toda pessoa de sucesso tem em comum: uma tendência à ação.

O que quero dizer com isso é que elas não permitem que as ideias morram na gaveta. Elas agem para fazê-las acontecerem.

Em nosso escritório, chamamos isso de "colocar a bola na zona final". Dizemos isso porque sabemos que fazer jogadas, dar palestras e até mesmo o trabalho árduo de levar a bola pelo campo não produz pontos. A única coisa que produz pontos é colocar a bola na zona final.

Pessoas de sucesso fazem coisas reais acontecerem no mundo real. Elas não permitem que suas melhores vidas fiquem presas na sua imaginação.

Na verdade, eu me surpreendo por quantas pessoas de sucesso conheci e que não eram especialmente inteligentes. Ou seja, conforme conversei com elas, percebi que não liam muito ou não eram criativas. E, enquanto me perguntava como pensadores tão simples poderiam acabar com tanta influência e dinheiro, percebi que era por causa da sua tendência incrivelmente forte à ação.

Enquanto outras pessoas podem ter ideias fantásticas ou ver algo crucial sob muitos ângulos, pessoas voltadas à ação são boas em agir.

Ao tentar construir sua empresa ou carreira, saiba que você pode vencer praticamente qualquer pessoa no mercado, desde que acorde todos os dias e entre em ação.

Mais tarde, eu lhe mostrarei uma estrutura de produtividade pessoal que o ajudará a fazer mais, mas, por agora, saiba que sonhar acordado e falar sobre ideias não coloca pontos no placar. É apenas quando fazemos uma coisa real acontecer no mundo real que nosso mundo começa a mudar e a ficar melhor.

Dica do Dia para Simplificar os Negócios Hoje

Um profissional orientado para o valor vence a concorrência por ter uma tendência à ação.

DIA 8

Traço de Temperamento — Dizer Não a Ficar Confuso

Um profissional orientado para o valor diz não a ficar confuso.

Algo que meu coach de negócios, Doug Keim, uma vez me disse, ficou comigo. Estávamos conversando por telefone e perguntei sobre um certo funcionário que vinha apresentando um desempenho insatisfatório há mais de um ano. Voltei a suas palavras mil vezes, e elas me ajudaram a tomar melhores decisões e a fazer as coisas acontecerem.

Ele me disse o seguinte: "Don, pare de escolher ficar confuso."

Essencialmente, Doug estava dizendo que eu sabia muito bem o que precisava fazer; eu simplesmente não queria fazê-lo.

Eu precisava demitir a pessoa. Já estava mais do que na hora.

Desde então, aprendi que a maioria das situações que acreditamos ser confusas não são realmente confusas. O que se disfarça de confusão é o nosso desejo de evitar conflitos e a nossa relutância em agir.

São situações de que estamos cientes, como precisarmos comprar algo ou colocar o dinheiro na poupança. Sabemos se precisamos nos desculpar com alguém. Sabemos se devemos sair ou dormir. Não estamos realmente confusos. Nós simplesmente não queremos fazer o que precisamos, então escolhemos a confusão para evitar a responsabilidade.

Um profissional orientado para o valor, porém, é capaz de ver o mundo através de lentes objetivas e não permite que a vontade de agradar, os desejos supérfluos e a fuga de conflitos afetem sua clareza de espírito.

Quando foi a última vez que você conheceu um indivíduo de alto impacto que ficava confuso sobre o que fazer? Provavelmente nunca. Pessoas de sucesso não vivem em confusão; elas vivem na clareza. E não é porque veem o mundo claramente e o resto de nós, não. Todos vemos o mundo com bastante clareza. Apenas escolhemos nos confundir.

Descobri que há um entre três motivos quando escolho ficar confuso:

1. **Vontade de agradar.** Eu me preocupo se outras pessoas ainda gostarão de mim se eu fizer o que sei que preciso fazer.
2. **Vergonha.** Eu me preocupo com o que as outras pessoas (geralmente estranhos) pensarão de mim se eu fizer a coisa certa.
3. **Medo.** Tenho medo das consequências financeiras e físicas de fazer a coisa certa.

Em momentos de confusão, o que me ajuda é identificar o que está me deixando confuso. Seja a vontade de agradar, a vergonha, seja o medo, a confusão tende a diminuir no momento em que dou nome a ela.

A pergunta que devemos nos fazer em situações que parecem confusas é a seguinte: Se eu fosse uma pessoa diferente, olhando para a minha vida de fora, qual seria a ação óbvia e correta a tomar?

A resposta a essa pergunta revela o que precisa acontecer se não formos detidos pela confusão (que nós mesmos escolhemos).

> **Dica do Dia para Simplificar os Negócios Hoje**
>
> Um profissional orientado para o valor não escolhe ficar confuso quanto às decisões certas que precisa tomar.

DIA 9
Traço de Temperamento — Otimismo Implacável

Um profissional orientado para o valor tem um otimismo implacável.

Se a esmagadora maioria dos dias da vida funciona bem, por que vivemos com tanto medo de que as coisas deem errado?

A razão é que, como seres humanos, somos primatas. E os primatas são muito bons em avaliar e evitar ameaças.

Talvez até bons demais.

Seu cérebro foi projetado para mantê-lo vivo. Esse é o seu trabalho principal. O que isso significa é que, como primata, você é incrivelmente bom em antecipar o que pode dar errado. Você é bom em se afastar da beirada do telhado para não cair e é bom em sentir se uma pessoa é perigosa.

Se você não fosse bom nessas coisas, provavelmente estaria morto.

E somos bons em muito mais do que detectar ameaças físicas. Somos bons em evitar sentir vergonha, porque isso pode nos custar nossa posição em qualquer tribo a que pertençamos. E somos bons em ficar longe de empreendimentos arriscados nos quais podemos falhar, pois o fracasso pode nos custar os recursos de que precisamos para sobreviver.

É verdade que as pessoas que veem a vida através de lentes mais sensíveis de risco/recompensa tendem a viver vidas mais seguras do que as outras. Elas perdem menos, porque arriscam menos.

Mas, por arriscarem menos, também ganham menos.

Se não tivermos cuidado, nosso desejo de evitar o risco pode virar ceticismo. Quando as pessoas começam a falar sobre o sucesso, por exemplo, um cético revira os olhos. Por quê? Muitas vezes, é porque eles têm medo de arriscar, mas não querem admiti-lo.

A verdade é que, embora algumas oportunidades de sucesso não funcionem, outras, sim, e, quanto mais implacavelmente otimista você for, mais desfrutará das recompensas decorrentes das tentativas.

Ao permanecer implacavelmente otimista, você aumenta drasticamente as suas chances de obter sucesso em algum momento. Quanto mais otimista você for, mais estará disposto a arriscar — e, quanto mais arriscar, com mais frequência terá realmente sucesso.

Pessoas de alto impacto acreditam que coisas incríveis podem acontecer. E, quando tentam e falham, esquecem-se do fracasso quase que instantaneamente, porque estão muito animados com a próxima oportunidade.

Mostre-me uma pessoa de sucesso, e lhe mostrarei alguém que falhou mais do que a maioria. Mostre-me uma pessoa malsucedida, e lhe mostrarei alguém que desistiu depois de falhar algumas vezes. É controverso, mas as pessoas bem-sucedidas falharam com mais frequência do que as malsucedidas. É que elas tiveram uma atitude otimista sobre a vida e se levantaram.

Isso vale para todas as áreas da vida, de relações a esportes e negócios.

Anos atrás, entrevistei Pete Carroll, então em seu segundo ano como técnico do Seattle Seahawks. Perguntei sobre uma crença que ele tinha de que, toda vez que competisse, ele ganharia. No jogo de damas, no xadrez, no futebol, ele acredita que ganhará toda competição em que entrar.

Tive que perguntar: "Treinador, o que acontece quando você perde?"

Ele se recostou no sofá e ergueu os braços. "Fico chocado!", disse ele. "Toda vez. Quer dizer, honestamente, Don, nunca antecipo isso."

"Você fica chocado todas as vezes?", perguntei.

"Todas. Nunca espero perder."

Se você pensar bem, a filosofia do treinador Carroll é brilhante. Ao permanecer implacavelmente otimista, ele mantém a energia para continuar tentando e nunca desistir. Apenas um ano depois de entrevistá-lo, ele e seus Seahawks ganharam o Super Bowl.

E no ano seguinte eles voltaram ao Super Bowl e perderam o jogo na final. Acho que Pete Carroll ficou chocado, pelo menos, por um minuto, antes de ficar animado de novo com a oportunidade do próximo ano.

Nada na vida custará mais a você do que uma crença predeterminada de que as coisas não darão certo.

A vida é um jogo de estatísticas. Não há garantias, mas, quanto mais esforço positivo você fizer, maior é a probabilidade de ganhar.

> **Dica do Dia para Simplificar os Negócios Hoje**
>
> Um profissional orientado para o valor sabe que o otimismo implacável dá mais chances de sucesso no trabalho e na vida.

DIA 10

Traço de Temperamento — Mindset de Crescimento

Um profissional orientado para o valor tem um mindset de crescimento.

No livro *Mindset*, a professora de Stanford Carol Dweck escreveu sobre dois mindsets que, em grande parte, predizem o sucesso ou o fracasso de um indivíduo ou equipe. O primeiro é o mindset fixo. Aqueles que o têm acreditam que seus traços e habilidades são imutáveis, que são quem são e são incapazes de evoluir para uma versão melhor de si mesmos.

Pessoas com mindset fixo documentam sua inteligência e habilidades, mas não acreditam que possam melhorar em nenhuma delas.

Como quem tem mindset fixo acredita que nasceu com um nível fixo de inteligência, tem medo de parecer idiota na frente dos outros. Eles não acreditam que podem aprender algo novo e, portanto, ficam na defensiva quando são criticados ou quando fracassam, não acreditam que podem aprender a fazer melhor.

O segundo mindset descrito por Dweck foi o de crescimento. Dweck descobriu que as pessoas com esse mindset acreditam que seus cérebros são adaptáveis e podem ficar mais inteligentes. Elas são mais dispostas a aceitar desafios e não veem o fracasso como uma condenação de sua identidade.

Em sua pesquisa com alunos, Dweck descobriu que quem tem mindset de crescimento busca melhorar após um mau desempenho em testes, enquanto os de mindset fixo desistem. Os alunos com mindset de crescimento melhoram e obtêm notas melhores, enquanto aqueles com mindset fixo, não. Os primeiros se matriculam em turmas mais avançadas, enquanto os segundos ficam para trás.

Você já entendeu aonde isso vai dar. Aqueles que têm mindset de crescimento são recompensados com maiores níveis de responsabilidade, experimentando um melhor desempenho e recebendo uma melhor remuneração.

A boa notícia é que é possível transformar um mindset fixo em um de crescimento.

Para transformar um mindset fixo em um de crescimento, Dweck recomenda ver o mundo de forma diferente em cinco categorias distintas:

1. **Desafios.** Devemos abraçar os desafios, em vez de evitá-los.
2. **Obstáculos.** Devemos persistir frente aos obstáculos, não desistir.
3. **Esforços.** Devemos ver o esforço como um caminho para o domínio, e não como algo infrutífero.
4. **Críticas.** Devemos aprender com as críticas, em vez de ignorar comentários úteis.
5. **Sucesso alheio.** Devemos ser inspirados pelo sucesso alheio, em vez de nos sentirmos ameaçados.

Resumindo, ter um mindset de crescimento é entender que nunca chegaremos ao topo da montanha, mas podemos continuar subindo para que a vista fique cada vez melhor.

A transição de um mindset fixo para um de crescimento nos leva da crença de "Cheguei" para "Estou melhorando", e de "Estou ótimo" para "Estou constantemente aprendendo e melhorando".

Mesmo acreditar que você tem um mindset fixo e que não pode aprender a ter um de crescimento é uma profecia autorrealizada. Você tem um mindset de crescimento?

> **Dica do Dia para Simplificar os Negócios Hoje**
>
> Um profissional orientado para o valor aborda o mundo com um mindset de crescimento, acreditando que foi feito para crescer e melhorar em todas as áreas da vida.

Profissional Orientado para o Valor

* *Aumente seu valor econômico pessoal dominando cada uma das competências essenciais.*

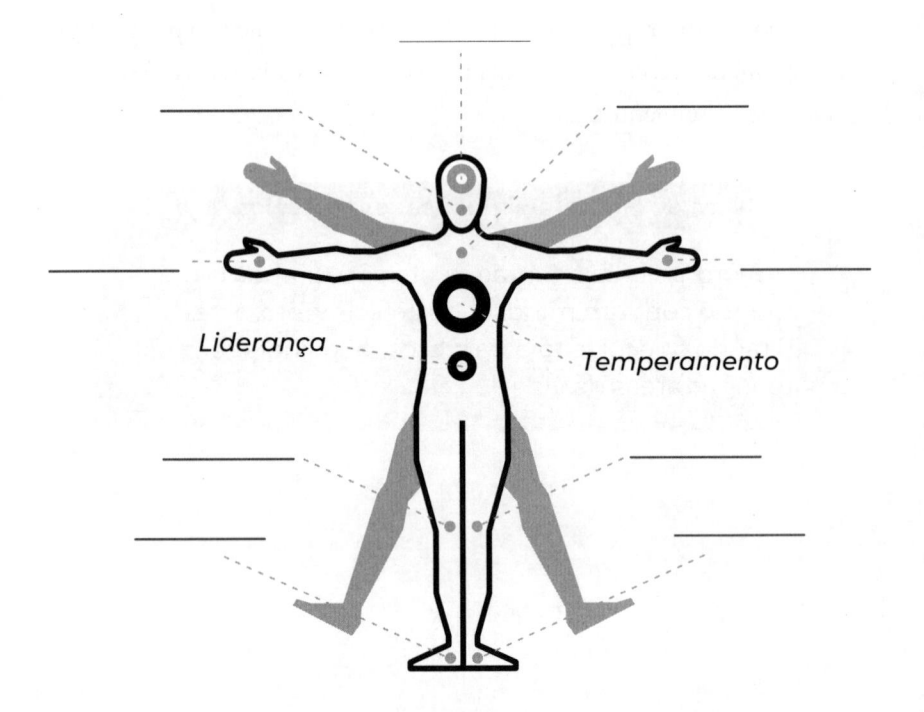

Liderança

Temperamento

CAPÍTULO DOIS

SIMPLIFICANDO A LIDERANÇA

Como Criar uma Declaração de Missão e Princípios Norteadores

INTRODUÇÃO

Após desenvolver os traços de temperamento do profissional orientado para o valor, definidos nas primeiras duas semanas do livro, você será solicitado a liderar. Toda pessoa que os demonstrar será promovida, certeza.

Mas, então, como lideramos?

Bom, a liderança envolve muitos aspectos, e a verdade é que não existem dois líderes iguais.

Mas todos os bons líderes sabem lançar uma visão que empolga e une a equipe; do contrário, seu pessoal ficará confuso e seus objetivos falharão.

Na verdade, aqui está a liderança em poucas palavras:

1. Convide uma equipe para uma história.
2. Explique por que a história é importante.
3. Dê a cada membro da equipe um papel a desempenhar nela.

A tarefa número um do líder é acordar todas as manhãs, apontar para o horizonte e fazer com que todos da equipe saibam para onde a organização está indo.

A tarefa número dois é explicar, em termos claros e simples, por que a história de ir e chegar a esse destino específico é importante.

A tarefa número três é analisar as habilidades e aptidões de cada membro da equipe e lhes dar um papel importante para desempenhar na história.

Todos os seres humanos anseiam por uma missão. Todos nós identificamos a nós mesmos como heróis em uma história desde cedo e sabemos, mesmo quando crianças, que nossa existência neste planeta é importante.

Não só isso, mas, como seres sociais, toda pessoa deseja se juntar a uma equipe em uma missão séria e importante.

É por isso que líderes dinâmicos atraem os melhores talentos. Cada líder dinâmico que você conhece ou de que já ouviu falar tinha uma missão queimando dentro de si, à qual as outras pessoas queriam se juntar.

Grandes líderes se tornam excelentes porque sua missão os torna excelentes. Não há exceções.

As equipes que não estão unidas em torno de uma missão convincente perdem tempo, energia e dinheiro movendo-se em direções aleatórias que não atendem ao objetivo geral da organização.

As pessoas sem uma missão não apenas desperdiçam os recursos da empresa, mas também suas vidas. Os seres humanos foram feitos para serem heróis em uma missão, realizando grandes coisas. Quando realizamos tarefas importantes, nós nos sentimos importantes. Quando não o fazemos, sentimos que não estamos vivendo de acordo com nosso potencial.

Um líder que pode ajudar uma equipe a definir uma missão e que pode lembrar a essa equipe diariamente o que é a missão e o porquê ela é importante, é um presente valioso para sua organização.

Nos próximos cinco dias, apresentarei a você os cinco componentes que constituem um conjunto de princípios norteadores. Esse conjunto de princípios define uma missão que pode ser usada para unir uma empresa inteira ou uma divisão dela. Muitos até usaram a estrutura da Declaração de Missão Simplificada para unir suas famílias!

Os princípios que explicarei nos próximos cinco dias funcionarão para sua carreira, para sua vida pessoal e para sua família.

Na minha vida, desenvolvi um conjunto de princípios norteadores (uma missão) para minha vida pessoal, meu casamento, nossa casa, minha empresa e um conjunto de princípios norteadores para um esforço de defesa política que comecei em nome de famílias de classe média.

Por causa desses princípios, não acordo no meio de uma névoa todos os dias. Sempre sei no que devo trabalhar e o porquê.

Cada conjunto de princípios que ensinarei inclui cinco componentes:

1. **Crie uma declaração de missão** que realmente o empolgue.
2. **Crie características-chave** que guiem o seu desenvolvimento.
3. **Crie ações críticas** que garantam o cumprimento da missão.
4. **Crie um argumento de vendas** que atraia recursos para a missão.
5. **Defina um tema** que seja o "porquê" da sua missão.

Quando concluídos, os princípios norteadores que definem uma visão para você ou para uma organização devem caber em uma página simples, como a da Figura 2.1.

Para aprender a criar um conjunto de princípios norteadores para você e sua equipe, leia o conceito de cada dia, assista ao vídeo que o acompanha que receberá em seu e-mail e crie um conjunto de princípios norteadores para você.

No final desta terceira semana, você aprenderá uma habilidade fundamental que a maioria dos líderes deixa passar. Você saberá como unir uma equipe em torno de uma missão.

Loja de Flores de Jeannie

DECLARAÇÃO DE MISSÃO

Oferecemos as melhores flores na área de Houston porque todos merecem uma maneira simples e eficaz de valorizar as pessoas que amam.

CARACTERÍSITCAS-CHAVE

1. **Otimismo:** Acreditamos que o dia de todos é iluminado com flores.
2. **Criatividade:** Criamos os mais belos arranjos de flores de Houston.
3. **Dedicação:** Somos dedicados ao nosso trabalho porque a alegria das outras pessoas depende dele.

AÇÕES CRÍTICAS

1. **Sorrir:** Temos uma atitude otimista e positiva, porque flores levam alegria para as pessoas.
2. **Aprender:** Estamos sempre aprendendo sobre flores e como fazer arranjos melhores.
3. **Cuidar:** Limpamos a área de vendas três vezes por dia.

ARGUMENTO DE VENDAS

Na Jeannie's Flowers, acreditamos que muitas pessoas passam os dias sem serem valorizadas pelos outros. Não ser reconhecido deixa a pessoa triste e faz com que ela perca as esperanças.

Quando alguém ganha flores, ganha vida, porque outra pessoa se lembrou dele. Um simples buquê de flores pode lembrar à pessoa do quanto a outra se preocupa e alegrar seu espírito por dias.

Oferecemos as melhores flores na área de Houston porque todos merecem uma maneira simples e eficaz de valorizar as pessoas que amam.

TEMA

Quando as pessoas são valorizadas recebendo flores, elas ganham vida.

FIGURA 2.1

Para receber os vídeos que acompanham cada conceito, envie um e-mail em branco para VIDEOS@BUSINESSMADESIMPLE.COM, e o resto é com a gente!

DIA 11
Como Liderar — Uma Boa Declaração de Missão

Para unir e motivar uma equipe, aprenda a escrever uma declaração de missão curta, interessante e memorável (veja a Figura 2.2).

Loja de Flores de Jeannie

DECLARAÇÃO DE MISSÃO

Oferecemos as melhores flores na área de Houston porque todos merecem uma maneira simples e eficaz de valorizar as pessoas que amam.

CARACTERÍSTICAS-CHAVE

1. **Otimismo:** Acreditamos que o dia de todos é iluminado com flores.
2. **Criatividade:** Criamos os mais belos arranjos de flores de Houston.
3. **Dedicação:** Somos dedicados ao nosso trabalho porque a alegria das outras pessoas depende dele.

AÇÕES CRÍTICAS

1. **Sorrir:** Temos uma atitude otimista e positiva, porque flores levam alegria para as pessoas.
2. **Aprender:** Estamos sempre aprendendo sobre flores e como fazer arranjos melhores.
3. **Cuidar:** Limpamos a área de vendas três vezes por dia.

ARGUMENTO DE VENDAS

Na Jeannie's Flowers, acreditamos que muitas pessoas passam os dias sem serem valorizadas pelos outros. Não ser reconhecido deixa a pessoa triste e faz com que ela perca as esperanças.

Quando alguém ganha flores, ganha vida, porque outra pessoa se lembrou dele. Um simples buquê de flores pode lembrar à pessoa do quanto a outra se preocupa e alegrar seu espírito por dias.

Oferecemos as melhores flores na área de Houston porque todos merecem uma maneira simples e eficaz de valorizar as pessoas que amam.

TEMA

Quando as pessoas são valorizadas recebendo flores, elas ganham vida.

FIGURA 2.2

Para liderar a si mesmo ou uma equipe, você precisa saber para onde está indo. Defina um destino específico.

A maioria das empresas faz isso com uma declaração de missão, mas, convenhamos, a maioria das declarações de missão são terríveis. Elas são cheias de referências internas e jargões de negócios, e parecem ter sido escritas por advogados em nome dos acionistas, não por membros da equipe que são apaixonados por seu trabalho.

Então, como escrevemos uma declaração de missão que as pessoas realmente lembrem e executem?

Se William Wallace, do filme *Coração Valente*, não pode gritar sua declaração de missão a cavalo para inspirar um grupo de soldados a se sacrificar em nome da missão, então ela não é uma declaração de missão interessante.

Imagine William Wallace gritando sua declaração de missão corporativa — isto é, se você souber qual é a sua declaração de missão.

É difícil imaginar disparar tropas com sua declaração de missão atual?

Ok, então vamos corrigir isso.

Uma boa declaração de missão é curta, interessante e inspiradora. Do contrário, não vale a pena.

Além disso, sua declaração de missão deve posicionar seu esforço como *um contra-ataque contra uma injustiça*. Deve explicar o que você está fazendo para servir às pessoas e por que esse esforço é importante.

Os soldados que desembarcaram nas praias da Normandia estavam em uma missão. Os Freedom Riders viajando pelo Sul durante a era dos Direitos Civis estavam em uma missão. Os astronautas, que redefiniram as limitações humanas, estavam em uma missão. Assim como o fabricante de automóveis Tesla, revolucionando o setor de motores de combustão com carros elétricos, e a Netflix com serviços de streaming de filmes. O livro que você está lendo agora está perturbando as escolas de negócios, ensinando habilidades práticas de negócios resumidas por uma fração do custo.

As pessoas são atraídas por uma missão. Elas não são atraídas por jargões empresariais. E, novamente, sua empresa é composta por pessoas que procuram contribuir para uma missão.

Aqui está uma fórmula para uma declaração de missão curta e boa:
Vamos alcançar _____ fazendo _____ porque _____.

Alguns exemplos:

Empresa de encanamento: Atenderemos a dez mil clientes nos próximos cinco anos porque todos merecem encanamentos que funcionam e serviços que os fazem se sentir valorizados.

Empresa de software: Nosso software será executado em metade dos computadores dos EUA até 2029 porque ninguém deveria sofrer com uma interface de software confusa.

Restaurante familiar: Seremos conhecidos como a melhor pizza do estado em cinco anos porque as pessoas da nossa comunidade merecem se gabar da pizza feita com ingredientes locais.

Declarações de missão simples como essas inspiram ação. E incluir um prazo cria um senso de urgência.

Uma vez que o prazo é atingido, você a reescreve. Não há razão para que uma declaração de missão não possa ser recriada a cada poucos anos.

Você não precisa usar essa fórmula para escrever uma declaração de missão, mas, seja honesto, elas são muito mais claras e motivadoras do que a maioria das declarações de missão que as organizações usam.

Na verdade, a maioria das declarações de missão é irrelevante. Você ao menos conhece a sua? Alguém de sua equipe se lembra dela?

Certa vez, sentei-me em uma sala de conferências com um grupo de executivos que resistiu fortemente quando eu disse que a maioria das declarações de missão é terrível. Eles haviam participado de um congresso de dois dias no qual escolheram meticulosamente cada palavra da sua nova declaração de missão.

Apontei para o CFO e perguntei se ele havia participado do congresso. Ele disse que sim. Pedi a ele que recitasse a declaração de missão, mas ele não conseguiu. Ele tinha esquecido.

A realidade é que, se nós e nossas equipes não podemos recitar a declaração de missão, não estamos em uma missão. Nós nos esquecemos dela.

Membros de equipe competentes sabem como se motivar e unir uma equipe em torno de uma declaração de missão.

Lembre-se, seja breve, interessante e inspirador.

Sua declaração de missão é a primeira parte de um conjunto de cinco princípios norteadores. Nos próximos quatro dias, mostrarei os componentes restantes que guiarão, alinharão e inspirarão sua equipe.

> **Dica do Dia para Simplificar os Negócios Hoje**
>
> Para unir uma equipe, crie um conjunto de princípios norteadores que inclua uma declaração de missão curta, interessante e memorável.

DIA 12

Como Liderar — Características-chave

Defina as características-chave que você precisará desenvolver para cumprir sua missão e transformar a si mesmo e sua equipe.

O segundo componente para definir os princípios norteadores são as *características-chave* (veja a Figura 2.3).

Loja de Flores de Jeannie

DECLARAÇÃO DE MISSÃO

Oferecemos as melhores flores na área de Houston porque todos merecem uma maneira simples e eficaz de valorizar as pessoas que amam.

CARACTERÍSTICAS-CHAVE

1. **Otimismo:** Acreditamos que o dia de todos é iluminado com flores.
2. **Criatividade:** Criamos os mais belos arranjos de flores de Houston.
3. **Dedicação:** Somos dedicados ao nosso trabalho porque a alegria das outras pessoas depende dele.

AÇÕES CRÍTICAS

1. **Sorrir:** Temos uma atitude otimista e positiva, porque flores levam alegria para as pessoas.
2. **Aprender:** Estamos sempre aprendendo sobre flores e como fazer arranjos melhores.
3. **Cuidar:** Limpamos a área de vendas três vezes por dia.

ARGUMENTO DE VENDAS

Na Jeannie's Flowers, acreditamos que muitas pessoas passam os dias sem serem valorizadas pelos outros. Não ser reconhecido deixa a pessoa triste e faz com que ela perca as esperanças.

Quando alguém ganha flores, ganha vida, porque outra pessoa se lembrou dele. Um simples buquê de flores pode lembrar à pessoa do quanto a outra se preocupa e alegrar seu espírito por dias.

Oferecemos as melhores flores na área de Houston porque todos merecem uma maneira simples e eficaz de valorizar as pessoas que amam.

TEMA

Quando as pessoas são valorizadas recebendo flores, elas ganham vida.

FIGURA 2.3

Ao iniciar sua missão, você está convidando as pessoas para uma história na qual elas superam desafios a fim de realizar algo grande. E, nas histórias, os personagens mudam. Eles se tornam mais fortes, mais bem preparados, mais confiantes e mais competentes para fazer o trabalho em questão.

É vivendo uma história significativa que nos transformamos em versões melhores de nós mesmos.

Quando você lista as características-chave que você e seu pessoal precisarão incorporar para cumprir a missão, você está basicamente dizendo a todos na equipe quem eles precisam se tornar.

Que características você e sua equipe precisam desenvolver para cumprir a missão? Você precisa se tornar mais rápido, mais atento aos clientes, um programador melhor?

Ao definir as características-chave que você e sua equipe precisam desenvolver, certifique-se de que sejam inspiradoras e instrutivas.

Quando digo inspiradoras, quero dizer que não precisam ser características já presentes. Podem ser características que exijam melhorias e mudanças. E, quando digo instrutivas, o que quero dizer é que elas devem ser acionadas imediatamente quando alguém as ouvir. Uma *atitude positiva* é instrutiva, pois é *disciplinada ao fazer ligações de vendas ou rápida ao cumprimentar os clientes na porta*. Se suas características-chave forem muito vagas, as pessoas não saberão como agir, e, portanto, não inspirarão mudanças.

Se sua missão é encontrar lares para os cães abandonados na sua área, uma característica-chave das pessoas de sua equipe deve ser amar cães. Se sua missão é criar um software que facilite a gestão de dinheiro, uma característica-chave do seu pessoal deve ser estudar ótimas interfaces de software.

Um restaurante de serviço rápido recente com o qual trabalhamos é conhecido por seu ambiente positivo. Todos os dias, eles abrem a porta para uma fila de pessoas que estão esperando há horas para comer seu frango frito. E, embora sejam um grande sucesso, seu desafio é manter essa atitude positiva sob uma pressão tão intensa.

Por esse motivo, eles definiram uma de suas características-chave como *ser divertido sob pressão*.

Essa característica-chave é brilhante, pois atende a dois propósitos:

1. **Inspiradora.** Ajuda a equipe a saber o tipo de pessoa que precisa ser para cumprir a missão.
2. **Instrutiva.** Diz à equipe o tipo de pessoa que precisa ser quando a pressão fica alta.

Quando a cozinha está lotada, um ingrediente acaba e um ônibus cheio de turistas para na porta, como nossos amigos no restaurante reagem? Eles devem reagir se divertindo sob pressão.

Você pode imaginar quanta negatividade e drama são revertidos com a definição de uma característica-chave, como *diversão sob pressão*?

Ao definir as características-chave que sua equipe precisa desenvolver, você define o tipo de pessoa que pode trabalhar para você. Se, por exemplo, alguém no restaurante não se diverte sob pressão, não se encaixa.

Definir as características-chave o ajuda a saber quais pessoas contratar e quais dispensar. Se deixar de definir as características-chave necessárias para cumprir a missão, atrairá as pessoas erradas para a equipe.

Que tipo de característica é importante que você e os membros da sua equipe tenham para cumprir a missão? Quem você e seu pessoal precisam se tornar?

> **Dica do Dia para Simplificar os Negócios Hoje**
>
> Como parte de seu conjunto de princípios norteadores, defina as características-chave que você e sua equipe precisam desenvolver para cumprir a missão.

DIA 13
Como Liderar — Ações Críticas

Defina três *ações críticas* repetíveis que cada pessoa da empresa pode realizar que contribuirão para a missão (veja a Figura 2.4).

Loja de Flores de Jeannie

DECLARAÇÃO DE MISSÃO	CARACTERÍSTICAS-CHAVE	AÇÕES CRÍTICAS
Oferecemos as melhores flores na área de Houston porque todos merecem uma maneira simples e eficaz de valorizar as pessoas que amam.	**1. Otimismo:** Acreditamos que o dia de todos é iluminado com flores. **2. Criatividade:** Criamos os mais belos arranjos de flores de Houston. **3. Dedicação:** Somos dedicados ao nosso trabalho porque a alegria das outras pessoas depende dele.	**1. Sorrir:** Temos uma atitude otimista e positiva, porque flores levam alegria para as pessoas. **2. Aprender:** Estamos sempre aprendendo sobre flores e como fazer arranjos melhores. **3. Cuidar:** Limpamos a área de vendas três vezes por dia.

ARGUMENTO DE VENDAS

Na Jeannie's Flowers, acreditamos que muitas pessoas passam os dias sem serem valorizadas pelos outros. Não ser reconhecido deixa a pessoa triste e faz com que ela perca as esperanças.

Quando alguém ganha flores, ganha vida, porque outra pessoa se lembrou dele. Um simples buquê de flores pode lembrar à pessoa do quanto a outra se preocupa e alegrar seu espírito por dias.

Oferecemos as melhores flores na área de Houston porque todos merecem uma maneira simples e eficaz de valorizar as pessoas que amam.

TEMA

Quando as pessoas são valorizadas recebendo flores, elas ganham vida.

FIGURA 2.4

A maioria dos conjuntos de princípios norteadores é esquecida porque não inspira ação. Mas, a menos que os personagens das histórias realmente façam algo, a missão nunca será cumprida.

Incluir ações críticas em seu conjunto de princípios norteadores fará com que você e sua equipe se movimentem.

Depois de definir a declaração de missão e as características-chave, devemos levar a história adiante definindo as ações críticas que nosso pessoal precisa realizar todos os dias para fazer a missão acontecer.

Claro, cada membro da equipe tem uma lista diferente de ações a serem executadas, mas, ao definir três ações críticas para cada um, você cria um senso de alinhamento que de outra forma não sentiria.

Não apenas isso, mas ao definir as três ações críticas que cada pessoa da equipe pode realizar todos os dias, você coleta e concentra a energia para a realização da missão.

Se uma de nossas ações críticas for "fazer uma reunião de quinze minutos todas as manhãs antes de começar", todos nós começaremos a trabalhar cedo e saberemos quais são nossas prioridades quando as portas se abrirem.

Quais ações cada membro de sua equipe (ou divisão) pode realizar todos os dias que se traduzirão em maior produtividade, mais receita, maior satisfação do cliente e em uma melhor relação atividade/produção?

As ações críticas que você define para você e para a sua organização devem estabelecer um modo de vida que afete os resultados financeiros.

Em meus princípios norteadores pessoais, minhas ações críticas repetíveis são acordar cedo, escrever e dizer "depois de você".

Parece besteira, mas, ao acordar cedo, garanto ir para a cama cedo, aumento as chances de fazer exercícios, escrever mais (porque escrevo de manhã) e de ter um tempo de silêncio de manhã. Se eu escrever todos os dias, garanto que minha carreira e minha empresa continuem crescendo. E se eu disser "depois de você" em minhas idas e vindas com as pessoas, com certeza, colocarei os outros em primeiro lugar e não me tornarei um idiota.

Essas três ações críticas estabelecem um estilo de vida, que, se repetido dia após dia, garante o sucesso.

A propósito, não recomendo mais do que três ações críticas.

Se houver mais de três, as pessoas tendem a se esquecer de tomar medidas em relação a qualquer uma delas.

Que ações críticas repetíveis preparariam você e seu pessoal para o sucesso?

Quais são as pequenas ações críticas que você e sua equipe podem realizar todos os dias para impulsionar a missão adiante? Elas são simples e fáceis de executar? São repetíveis? Realmente afetarão a missão?

> **Dica do Dia para Simplificar os Negócios Hoje**
>
> Defina três ações críticas que você e sua equipe podem realizar todos os dias que garantirão o sucesso e o ajudarão a cumprir a missão.

DIA 14
Como Liderar — Uma Grande História

Saiba atrair pessoas para a missão contando a sua história.

Contar a história da empresa ou do projeto é importante porque, ao contá-la, você atrai recursos. Quando você conta sua história, as pessoas decidem se compram ou não de você, investem em você ou até mesmo espalham o que você está fazendo.

A maioria das pessoas e das empresas, entretanto, não sabe como contar sua *história*. Frequentemente, elas cometem o erro de contá-la com marcadores e apartes enfadonhos.

Mas sua história, em si, não é sua narrativa. Sua narrativa é diferente. É uma forma de explicar o que você faz que envolve as pessoas e as faz querer participar. Sua história, como a entendem, de forma crua, é apenas um monte de coisas que aconteceram no seu passado.

O quarto aspecto em seu conjunto de princípios norteadores é o argumento de vendas (veja a Figura 2.5). Ele é necessário porque permite que você e todos em sua equipe contem a história de seu negócio de tal forma que você seja lembrado e as pessoas queiram se engajar nele.

Loja de Flores de Jeannie

DECLARAÇÃO DE MISSÃO	CARACTERÍSTICAS-CHAVE	AÇÕES CRÍTICAS
Oferecemos as melhores flores na área de Houston porque todos merecem uma maneira simples e eficaz de valorizar as pessoas que amam.	**1. Otimismo:** Acreditamos que o dia de todos é iluminado com flores. **2. Criatividade:** Criamos os mais belos arranjos de flores de Houston. **3. Dedicação:** Somos dedicados ao nosso trabalho porque a alegria das outras pessoas depende dele.	**1. Sorrir:** Temos uma atitude otimista e positiva, porque flores levam alegria para as pessoas. **2. Aprender:** Estamos sempre aprendendo sobre flores e como fazer arranjos melhores. **3. Cuidar:** Limpamos a área de vendas três vezes por dia.

ARGUMENTO DE VENDAS

Na Jeannie's Flowers, acreditamos que muitas pessoas passam os dias sem serem valorizadas pelos outros. Não ser reconhecido deixa a pessoa triste e faz com que ela perca as esperanças.

Quando alguém ganha flores, ganha vida, porque outra pessoa se lembrou dele. Um simples buquê de flores pode lembrar à pessoa do quanto a outra se preocupa e alegrar seu espírito por dias.

Oferecemos as melhores flores na área de Houston porque todos merecem uma maneira simples e eficaz de valorizar as pessoas que amam.

TEMA

Quando as pessoas são valorizadas recebendo flores, elas ganham vida.

FIGURA 2.5

O líder que sabe convidar clientes e acionistas para a história da empresa que representa sai na frente e recebe mais responsabilidades.

O profissional de vendas que sabe convidar clientes para uma história gera mais receita para a empresa.

E o representante de atendimento ao cliente que sabe convidar clientes para a história que a empresa está contando cria fãs apaixonados pela marca.

A maioria das empresas, entretanto, conta uma história entediante. A verdade é que poucas pessoas se importam com a forma como a empresa começou e que você manteve uma alta classificação nos ótimos lugares para trabalhar. Uma boa história filtra todo o ruído e apenas destaca o que é interessante para o público. E um profissional competente sabe contar uma história. Principalmente a história de sua missão.

Na forma mais simples de estrutura de história, uma história apresenta um personagem que foi desestabilizado por um evento e então supera uma série de desafios para estabilizar sua vida de novo.

Esse é o enredo de *Star Wars*, *Romeu e Julieta*, *Mong e Lóide*, de todos os filmes dos Vingadores e de comédias românticas. Por que os contadores de histórias usam essa fórmula? Porque é a ferramenta mais poderosa do mundo para cativar a atenção do público.

Sua história pode ou não se depender dessa fórmula, e é por isso que contá-la sem transformá-la em uma narrativa aborrecerá o público e enviará seus clientes direto para a concorrência.

Então, se quisermos contar nossa história, a história de nosso negócio (ou da divisão da empresa em que trabalhamos), devemos usar a fórmula que funciona há milhares de anos.

Ao contar sua história, faça isso:

1. Comece com o problema que você ou sua empresa ajudam as pessoas a superar.

2. Floreie a situação para torná-lo ainda pior.
3. Posicione sua empresa ou seu produto como a solução para ele.
4. Descreva o final feliz que as pessoas terão se usarem seu produto para resolvê-lo.

Foi comprovado repetidamente que essa fórmula simples envolve o público. Quando você filtra os "fatos" da sua empresa por meio dela, tudo o que resta são as coisas boas.

Por exemplo, digamos que você administre um hotel para animais de estimação. Você pode contar sua história desta maneira:

A maioria das pessoas odeia deixar seu pet em um canil quando viaja. Elas se sentem culpadas imaginando os olhos tristes de seu adorável filhote os esperando atrás das grades de uma gaiola até que retornem.

No Pet-Paws Paradise, brincamos com seu pet por, pelo menos, oito horas por dia para que ele fique constantemente ocupado e feliz enquanto você viaja. Eles vão para a cama exaustos todas as noites, sonhando com toda a diversão que tiveram naquele dia.

Quando você deixa seu pet conosco, sabe que ele está seguro e feliz, então você pode se sentir bem sendo o dono incrível que você é!

Você vê a fórmula? Começamos com um problema, tornamos o problema pior, posicionamos o produto como a solução e, em seguida, descrevemos uma vida mais feliz porque ele foi resolvido.

Essa é uma história que atrairá clientes, investidores e muito mais. Ela pode ser contada por vendedores, usada como narração em um vídeo, impressa em letras miúdas no verso de cartões de visita, usada em sites e e-mails promocionais, e ainda para abrir e fechar discursos do CEO.

Se quer ser uma empresa de grandes contadores de histórias, aprenda a contar uma história convidativa para os clientes.

Recentemente, uma das maiores empresas de rede social do mundo nos contratou para ajudá-los a transformar sua enorme equipe de vendas em grandes contadores de histórias. A fórmula que ensinamos a eles não era muito diferente da que você acabou de aprender.

Contar histórias não é difícil. Basta um pouco de conhecimento e de disciplina para permanecer fiel à mensagem.

Você sabe contar a história do seu produto e do seu negócio?

Que problema sua empresa resolve? Como ele faz as pessoas se sentirem? Como seu produto pode resolvê-lo? E, depois que esse problema for resolvido, como será a vida das pessoas?

Responda a essas perguntas, nessa ordem, e você contará sua história, da sua empresa, da sua divisão e do seu produto de uma forma que as pessoas terão vontade de se envolver.

Pare de apenas citar a sua história e comece a contá-la.

Um profissional competente e orientado para o valor sabe como contar uma história interessante. Escreva a história de sua empresa como um argumento de vendas e inclua-a em seu conjunto de princípios norteadores. Além disso, certifique-se de que cada membro da equipe saiba contá-la para que ela se espalhe e a receita aumente!

> **Dica do Dia para Simplificar os Negócios Hoje**
>
> Use nossa fórmula de narrativa para contar sua história e você envolverá mais pessoas em sua missão.

DIA 15

Como Liderar — Defina o Tema e o "Porquê"

Defina o tema de sua missão para que você e seu pessoal saibam por que seu trabalho é importante.

O elemento final dos seus princípios norteadores é o seu tema. Como você pode ver na Figura 2.6, o tema é a base de toda a sua missão. O tema é o seu *porquê* ou o da organização.

Ninguém quer contribuir para uma missão que não é importante. Então, como convencemos as pessoas de que nossa missão é importante? Fazemos isso definindo um tema.

Durante séculos, dramaturgos, romancistas e, mais recentemente, roteiristas definiram um tema para suas histórias. Um contador de histórias definirá seu tema, principalmente, para orientá-los enquanto a conta.

Se um pouco de diálogo ou determinada cena não sustentam o tema, eles o cortam da história.

O tema de *A Lista de Schindler*, por exemplo, é que todo ser humano tem um valor incomensurável e deve ser salvo. Enquanto os roteiristas escreviam o roteiro, eles tinham que filtrar cada cena por meio dessa ideia central.

Quando um escritor define um tema, sua história se torna mais significativa e mais clara.

Se quisermos que nossa missão seja significativa e clara, ela deve ter um tema.

Para uma empresa (que, assim como os contadores de histórias, está convidando o público para uma história), um tema pode ser qualquer coisa, de *ninguém precisa pagar muito por um novo telhado* a *toda família merece férias que nunca esquecerá*.

Quando definir seu tema, você e todos saberão por que sua missão é importante.

Loja de Flores de Jeannie

DECLARAÇÃO DE MISSÃO	CARACTERÍSTICAS-CHAVE	AÇÕES CRÍTICAS
Oferecemos as melhores flores na área de Houston porque todos merecem uma maneira simples e eficaz de valorizar as pessoas que amam.	**1. Otimismo:** Acreditamos que o dia de todos é iluminado com flores. **2. Criatividade:** Criamos os mais belos arranjos de flores de Houston. **3. Dedicação:** Somos dedicados ao nosso trabalho porque a alegria das outras pessoas depende dele.	**1. Sorrir:** Temos uma atitude otimista e positiva, porque flores levam alegria para as pessoas. **2. Aprender:** Estamos sempre aprendendo sobre flores e como fazer arranjos melhores. **3. Cuidar:** Limpamos a área de vendas três vezes por dia.

ARGUMENTO DE VENDAS

Na Jeannie's Flowers, acreditamos que muitas pessoas passam os dias sem serem valorizadas pelos outros. Não ser reconhecido deixa a pessoa triste e faz com que ela perca as esperanças.

Quando alguém ganha flores, ganha vida, porque outra pessoa se lembrou dele. Um simples buquê de flores pode lembrar à pessoa do quanto a outra se preocupa e alegrar seu espírito por dias.

Oferecemos as melhores flores na área de Houston porque todos merecem uma maneira simples e eficaz de valorizar as pessoas que amam.

TEMA

Quando as pessoas são valorizadas recebendo flores, elas ganham vida.

FIGURA 2.6

A missão de *Simplificando os Negócios* é revolucionar o modelo de educação atual com um currículo de negócios acessível, permitindo que todos tenham sucesso no trabalho. Então, qual é o nosso tema? É que *todos merecem uma educação empresarial que mude suas vidas.*

Uma dica para ajudá-lo a definir seu tema é adicionar a palavra "porque" ao final de sua declaração de missão e, em seguida, terminar a frase. Criamos um currículo de negócios acessível porque *todos merecem uma educação empresarial que mude suas vidas*.

Se você se perguntar por que deveria acordar cedo e ir trabalhar, o tema de sua missão deveria servir como resposta. Pessoalmente, levanto-me e vou trabalhar porque *todos merecem uma educação empresarial que mude suas vidas*.

Mais uma vez, conhecer o seu tema torna-se importante porque é a frase de efeito crítica que responde à pergunta do porquê. Por que os investidores deveriam investir? Por que um profissional deveria trabalhar para você? Por que os clientes devem contar aos amigos sobre seus produtos? Defina o seu tema e cada uma dessas questões terá uma resposta sólida.

Depois de definir seu tema, pinte-o na lateral da sala de descanso em seu prédio, inclua-o em seu site, transforme-o em um banner em seu estande de recrutamento e certifique-se de que todos na organização o memorizem. Seu tema é o seu propósito, e as pessoas precisam de um propósito para se envolverem apaixonadamente em seu trabalho.

Por que *sua* missão é importante? Por que sua missão é digna de sacrifício ou de investimento? Por que outras pessoas deveriam contribuir para ela? Por que seus clientes deveriam escolher você em vez de outra marca?

Defina seu tema e você saberá o porquê.

> **Dica do Dia para Simplificar os Negócios Hoje**
>
> Defina o tema do seu negócio para que você, sua equipe e seus clientes saibam por que seu trabalho é importante.

Profissional Orientado para o Valor

* *Aumente seu valor econômico pessoal dominando cada uma das competências essenciais.*

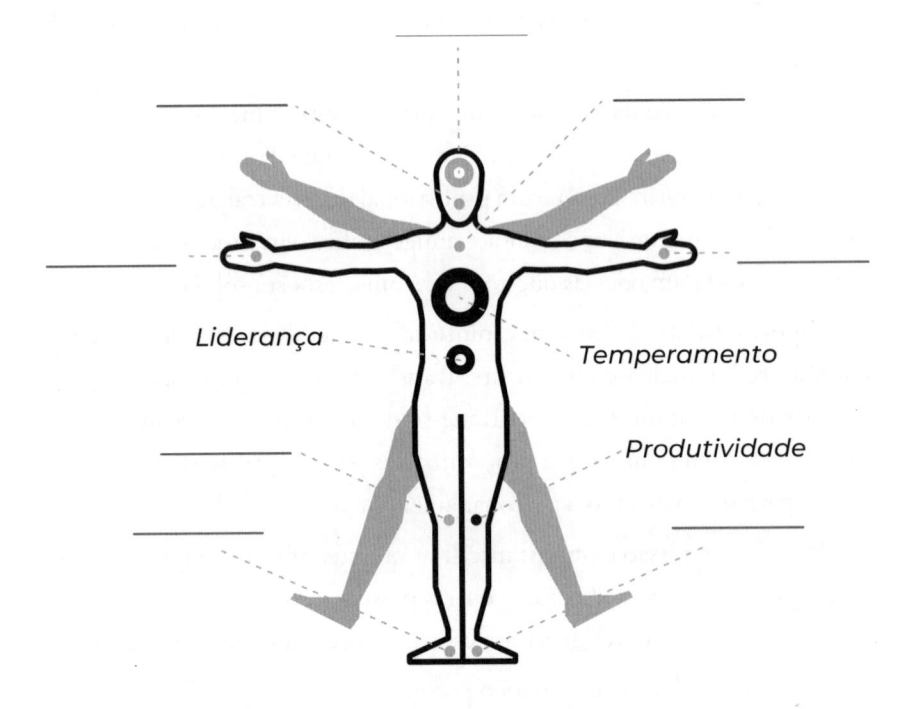

Liderança

Temperamento

Produtividade

CAPÍTULO TRÊS

SIMPLIFICANDO A PRODUTIVIDADE

INTRODUÇÃO

Agora que sabemos como é o temperamento de um profissional orientado para o valor, como um negócio funciona e como unir e alinhar uma equipe, aprenderemos a gerir a nós mesmos e nosso tempo para fazermos o máximo com o mínimo e não nos atolarmos em estresse e ansiedade.

Muitos profissionais trabalham pesado, mas fazem pouco. Sua atividade frenética só serve para movê-los em círculos. A razão para isso é a falta de foco.

Em todos os meus anos estudando narrativas, desenvolvi a crença de que a vida tem mais significado quando as pessoas a vivem como se fossem um herói em uma missão. Quando somos heróis em uma missão, temos pouco espaço para atividades frenéticas. Sabemos o que queremos, o que se opõe a nós e o que devemos realizar para resolver alguns dos problemas do mundo.

Um herói em uma missão vive com propósito e intenção. Ele não perde tempo, porque seu tempo é importante. Um herói em uma missão sabe administrar seu tempo para não se sentir ansioso, mas focado, motivado e inspirado para fazer o trabalho que importa.

Um dos segredos para realizar mais dos objetivos certos é saber quais são eles e, então, quais são suas oportunidades de maior retorno e priorizá-las acima de todas as outras.

Profissionais orientados para o valor são heróis em uma missão. Eles sabem no que devem estar trabalhando e não se distraem.

Por isso, criamos o *Hero on a Mission Planner* [*Agenda do Herói em Missão*, em tradução livre]. Como você adquiriu este livro, pode obtê-lo gratuitamente, em inglês, em HeroOnaMission.com. A agenda o guiará no ritual matinal para organizar a mente e planejar o dia. Você nunca mais acordará confuso.

Pelos próximos cinco dias, eu o guiarei pelas seções da agenda.

A verdade é que nosso cérebro não gosta de ser confundido sobre a forma como devemos gastar o tempo. Não se confundir, porém, exige disciplina e foco.

Se não estabelecermos prioridades e rotinas saudáveis, televisão, notícias, comida, álcool e más companhias estarão mais do que dispostos a ocuparem nosso tempo. Muitas pessoas ganham muito dinheiro nos mantendo distraídos. Mas as distrações deles não nos beneficiam em nada.

Para ser uma pessoa produtiva, precisamos nos dar uma missão e, então, priorizar nosso tempo e objetivos para cumpri-la.

Precisamos de uma estrutura para gerir nossas prioridades e tempo.

Se você quer ser um profissional orientado para o valor, estabeleça uma rotina diária que aumente sua produção sem aumentar sua ansiedade. É uma combinação vencedora. E não é tão difícil estabelecê-la.

Mais uma vez, nesta semana, eu o guiarei por um planejamento diário, que você pode obter gratuitamente, em inglês, em HeroOnaMission.com. Imprima quantas páginas quiser, faça furos nas laterais e você terá uma agenda que poderá aumentar de graça pelo resto da vida. Você pode continuar a usá-la pelas próximas décadas. Leia os conceitos diários desta semana e assista a cada vídeo para aprender como preenchê-la como um ritual matinal.

DIA 16
Como Ser Produtivo — Tome Decisões Diárias Sábias

Um profissional produtivo começa o dia com uma reflexão.

Todas as manhãs me faço uma pergunta simples. Essa pergunta garante que não deixarei o dia fugir de mim e que farei progresso em meus objetivos.

A questão é a seguinte: Se esta fosse a segunda vez que vivo o dia de hoje, o que faria de diferente? (Veja a Figura 3.1.) À primeira vista, parece uma pergunta maluca. Não podemos viver mais de uma vez o mesmo dia. Temos uma única chance.

SE ESTA FOSSE A SEGUNDA VEZ QUE VIVO O DIA DE HOJE, O QUE FARIA DE DIFERENTE?

- _____
- _____
- _____
- _____
- _____

FIGURA 3.1

* Da agenda diária gratuita *Hero on a Mission*, disponível em HeroOnAMission.com

Mas a pergunta vem do Dr. Viktor Frankl e é bastante profunda. O Dr. Frankl foi um psicólogo vienense que ajudava seus pacientes, guiando-os em direção a um senso mais profundo de significado pessoal em suas vidas.

Para ajudar os pacientes a viverem com mais sabedoria e critério, ele pedia-lhes que vivessem como se estivessem vivendo aquele dia pela segunda vez, como se tivessem agido de forma errada na primeira e estivessem prestes a revivê-lo tendo aprendido com aquela primeira vez.

Em outras palavras, Frankl disse: "Finja que esta é a segunda vez que você viveu este dia e não cometa os mesmos erros."

Essa pausa momentânea nos ajuda a pensar sobre nossas vidas com uma consideração cuidadosa. Se esta fosse a segunda vez que você estivesse vivendo este dia e pudesse aprender com a primeira, o que você faria de diferente? Você teria mais consideração com seu cônjuge? Passaria um tempo na rede do quintal lendo um livro? Você se exercitaria?

Outra forma de expressar a pergunta de Frankl é esta: No final do dia, o que você se arrependeu de fazer ou de não fazer?

Então, precisamos viver de forma que não tenhamos arrependimentos.

Poucas pessoas refletem sobre suas ações antes de executá-las. A maioria de nós está se movendo tão rapidamente pela vida e se tornou tão acostumada a interrupções que exigem nossa resposta que não estamos mais no controle de nossas próprias experiências.

Conheci poucas pessoas de alto impacto que não tinham um diário ou tiram tempo para refletir de alguma forma. É refletindo que editamos nossas ações e projetamos nossas vidas. Aqueles que não refletem, não editam nem projetam, simplesmente reagem. A triste verdade sobre essa realidade é que suas vidas estão sendo projetadas por forças externas, que não têm seus melhores interesses no coração. As histórias de vida da maioria das pessoas são ditadas por amigos, família, comerciais corporativos ou políticos com interesses escusos. É hora de assumir o controle da sua própria história.

Existe uma única pergunta que você responde no início de cada dia que o faz parar e refletir? Você está projetando sua vida ou outra pessoa o faz por você?

> **Dica do Dia para Simplificar os Negócios Hoje**
>
> Crie uma rotina de reflexão fazendo a si mesmo a pergunta matinal: Se esta fosse a segunda vez que vivo o dia de hoje, o que faria de diferente?

DIA 17

Como Ser Produtivo — Tenha Tarefas Prioritárias

Um profissional orientado para o valor sabe priorizar sua oportunidade de maior retorno.

Qual é a coisa mais importante que você pode fazer hoje?

Se você pode responder a essa pergunta, manhã após manhã, você faz parte de um grupo de profissionais de elite.

A maioria dos profissionais nem mesmo se faz essa pergunta porque presume que o telefone que está tocando, o cliente frustrado, a mensagem urgente ou o e-mail negligenciado é a resposta. Mas é isso mesmo?

A realidade é que nem todas as unidades de trabalho obtêm o mesmo retorno. Se você gastar um monte de calorias correndo em círculos, não obterá tanto valor dessa energia como o faria planejando aquele discurso importante. A quantidade de calorias que você queima pode ser a mesma, mas o retorno sobre o seu investimento é muito diferente.

Um profissional orientado para o valor sabe em que investir calorias arduamente adquiridas e que trabalho evitar ou delegar. E, por saberem, não sentem ansiedade em relação ao seu trabalho. Eles são bons e calmos administradores de seu tempo e de sua energia.

Um profissional orientado para o valor sabe como gastar seu tempo.

O segredo para focar as oportunidades de maior retorno envolve a criação de duas listas de tarefas por dia (veja a Figura 3.2 e a Figura 3.3). Uma de suas listas de tarefas será limitada a três itens. Esses três itens são as tarefas mais importantes para o sucesso de seus objetivos principais. Não importa o que aconteça, essas devem ser as três coisas a fazer primeiro.

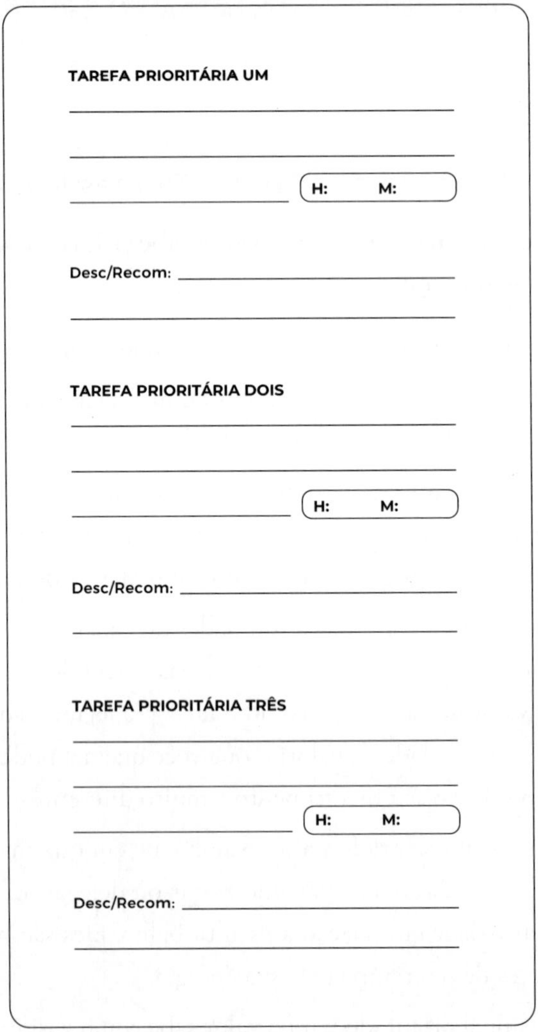

TAREFA PRIORITÁRIA UM
_____
_____
_____ (H: M:)

Desc/Recom: _____
_____

TAREFA PRIORITÁRIA DOIS
_____
_____
_____ (H: M:)

Desc/Recom: _____
_____

TAREFA PRIORITÁRIA TRÊS
_____
_____
_____ (H: M:)

Desc/Recom: _____
_____

FIGURA 3.2

```
┌─────────────────────────────────────────────────────────┐
│  TAREFAS SECUNDÁRIAS                                    │
│  ☐ _____   ☐ _____  │
│  ☐ _____   ☐ _____  │
│  ☐ _____   ☐ _____  │
│  ☐ _____   ☐ _____  │
│  ☐ _____   ☐ _____  │
│  ☐ _____   ☐ _____  │
└─────────────────────────────────────────────────────────┘
```

FIGURA 3.3

A outra lista de tarefas conterá as miudezas que precisam ser cumpridas antes do fim do dia. São tarefas como responder a e-mails, pegar a roupa lavada etc.

O motivo para fazer duas listas é porque sua mente não saberá a diferença entre o que é muito importante e as tarefas aleatórias que precisam ser feitas em algum momento no futuro próximo. Um profissional orientado para o valor sabe a diferença entre tarefas primárias e secundárias.

Pegar a roupa lavada não é tão importante quanto trabalhar na importante apresentação que você fará no próximo evento da equipe.

Minhas tarefas prioritárias têm a ver com criação de conteúdo. Trabalho em um livro, um curso de negócios ou uma apresentação todos os dias e só depois de terminar a sessão de escrita começo a retornar ligações e a participar de reuniões. Todas as manhãs, escrevo as três partes do conteúdo nas quais preciso trabalhar, depois anoto os itens secundários que estão disputando minha atenção e, primeiro, começo os três itens importantes.

Separar minhas três prioridades me ajudou a desenvolver uma empresa de sucesso muito mais rápido do que se tivesse agrupado todas as tarefas.

O motivo para listar apenas três tarefas prioritárias é porque listar mais de três parecerá trabalhoso e fará com que você queira desistir antes de começar. A maioria das minhas tarefas são partes de projetos muito maiores. Se estou escrevendo um livro, por exemplo, vou demorar mais de um ano para terminar, então priorizo pequenos pedaços dele a cada dia.

Quando trabalhamos em projetos enormes que não podemos concluir em um curto período somos especialmente suscetíveis a vitórias de curto prazo. Prefiro retornar dez e-mails do que escrever dez parágrafos de um livro, porque cada e-mail me faz sentir como se tivesse conquistado algo, enquanto esses dez parágrafos parecem uma gota em um balde.

Mas não se deixe enganar. É dando pequenos passos em direção a grandes metas que alcançamos nossos objetivos importantes.

Cuidado. Muitas tarefas se apresentarão como importantes, mas não o são. Você pode receber notícias de algo que pareça urgente, mas a verdade é que cabe a outra pessoa cuidar disso. Alguém pode coagi-lo a ir a uma reunião, mas a verdade é que a reunião não atende às suas maiores prioridades.

Gosto de chamar essas tentações de "distrações urgentes", porque parecem urgentes, mas na verdade são apenas distrações.

Todos os dias, devemos sempre saber quais são nossas três oportunidades de maior retorno, ou as de baixo retorno parecerão mais importantes.

Então, como você sabe quais são suas oportunidades de maior retorno? Para saber quais são elas, precisamos fazer a engenharia reversa dos nossos objetivos gerais. Qualquer trabalho que nos aproxime de nossos objetivos é uma oportunidade de alto retorno, e qualquer trabalho que não o faça não é. Um profissional orientado para o valor entende essa diferença.

No que se refere a ser um bom investimento econômico, qual é a coisa mais importante que você precisa fazer? O que fazer para obter o maior retorno econômico da empresa? Priorize essas tarefas, dia após dia, e você se aproximará de seus objetivos sem cair na armadilha das "distrações urgentes".

> **Dica do Dia para Simplificar os Negócios Hoje**
>
> Todos os dias, faça duas listas de tarefas. Liste três itens que são suas oportunidades de maior retorno e, em seguida, aqueles que não são tão importantes quanto os outros.

DIA 18

Como Ser Produtivo — Aproveite as Horas Mágicas

Um profissional orientado para o valor sabe priorizar o trabalho importante a fazer logo pela manhã.

O cérebro de cada pessoa funciona de forma um pouco diferente, mas, para a maioria, em particular para quem tem mais de 25 anos, o desempenho máximo acontece de manhã.

Seu cérebro é como uma bateria de smartphone. Especificamente, seu cérebro queima entre seiscentas e oitocentas calorias por dia, processando as informações necessárias para sua sobrevivência. Enquanto você dorme, seu cérebro se recarrega e fica pronto para enfrentar o dia seguinte.

A energia mental que você tem pela manhã é mais forte e mais alerta do que a energia que terá depois do almoço.

Se você atender a uma ligação ou começar a responder a e-mails aleatórios antes de iniciar seu projeto mais urgente, estará destinando uma valiosa energia mental para oportunidades de baixo retorno e desperdiçando as horas mais valiosas do seu dia. Mais tarde, quando finalmente "tiver tempo" para fazer as coisas importantes, seu cérebro já estará cansado, e você não conseguirá atingir o seu melhor desempenho (veja a Figura 3.4).

Não apenas isso, mas, se você reservar tempo para seus projetos importantes pela manhã, passará o resto do dia sabendo que já concluiu as tarefas importantes.

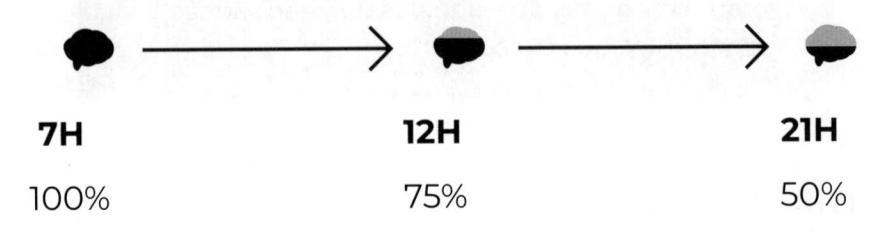

7H	12H	21H
100%	75%	50%

FIGURA 3.4

A maioria dos profissionais orientados para o valor conclui seu importante trabalho pela manhã.

Se as reuniões esgotam sua energia, programe-as para a tarde. Se processar faturas é a tarefa mais importante que você tem, processe-as nas primeiras duas horas do dia, antes de verificar seu e-mail. Se trabalhar na estratégia de negócios é a tarefa principal, passe a primeira hora do dia refinando-a e só depois comece a atender a ligações.

Embora a ideia de priorizar suas tarefas importantes pela manhã pareça trivial, muitos profissionais orientados para o valor descobriram que essa estratégia única é uma superpotência secreta. Enquanto seus colegas de trabalho entram no escritório e caem imediatamente na armadilha da distração, o profissional orientado para o valor já está acordado há algumas horas para realizar as tarefas mais importantes. Esse tipo de disciplina e competência resultará no ganho de confiança de clientes e colegas de trabalho. E isso significa mais respeito, mais dinheiro e uma carreira mais agradável.

> **Dica do Dia para Simplificar os Negócios Hoje**
>
> Priorize suas oportunidades de maior retorno pela manhã, quando sua mente está fresca.

DIA 19

Como Ser Produtivo — Diga "Não" às Distrações

Um profissional orientado para o valor sabe dizer não às distrações para que possa dizer sim às prioridades.

A maior lição que aprendi sobre o crescimento de uma empresa veio de minha carreira como escritor. O conselho era este: um grande comunicador sabe o que deixar de fora.

É controverso, não é? Você pensaria que um grande comunicador sabe o que dizer, e é claro que sabe, mas a parte mais difícil é que, depois de dizer a coisa certa, ele tem que parar de dizer qualquer outra coisa.

Se você está escrevendo um livro sobre um herói desarmando uma bomba, não pode incluir algumas cenas interessantes sobre como o herói também quer correr uma maratona e se casar com sua namorada e talvez adotar um gato. Se você incluísse tudo isso na história, o enredo ficaria disperso. Uma boa história não pode abordar muitas coisas. Do contrário, o público ficaria confuso e perderia o interesse nela.

A propósito, é assim que a maioria das pessoas se sente a respeito de suas vidas. Elas se sentem como se tivessem perdido o fio da meada. Por quê? Porque falta foco em suas vidas. Elas dizem sim para tantas coisas que ficam confusas sobre o que trata sua história. E muitas delas perdem o interesse em tudo — e, por falar nisso, perdem o interesse na vida em si. Os heróis em uma missão, entretanto, são focados.

Em uma boa história, o escritor concentra o enredo em um único objetivo definido. A equipe precisa ganhar o campeonato. A mulher precisa conseguir a promoção. O advogado precisa vencer a batalha judicial. E, por mais tentadoras que outras ideias sejam, um bom escritor lhes dirá "não".

Claro, na vida real, não é tão fácil. Como pais, filhos, amigos, chefes, treinadores e líderes, fazemos malabarismos com muitos subenredos. Há amigos que querem nos ver e oportunidades que, embora não estejam de acordo com nossos objetivos, são empolgantes.

Mas, se dissermos sim para muitas coisas, estaremos dizendo não para a atenção profunda e concentrada necessária para fazer algumas coisas bem.

No início da minha carreira, eu ganhava meu sustento falando em público. Eu recebia uma quantia decente a cada vez que voasse para algum lugar e fizesse um discurso. Logo percebi que, quanto mais falava, menos conseguia escrever. E, sem lançar um livro a cada dois anos, menos pessoas pensariam em mim ao escolher um palestrante.

Tive que tomar uma decisão estratégica de recusar um bom dinheiro palestrando para ficar em casa e escrever mais livros. Foi uma decisão assustadora, mas foi o que eu fiz. Em dois anos, porém, eu tinha outro best-seller e podia cobrar quatro vezes o valor inicial da minha palestra sempre que saía da cidade. O resultado foi ter mais tempo em casa para escrever, menos tempo no palco, mas uma renda maior.

Acontece que não estou sozinho. Stephen King quase não aceita palestrar. Esse é o principal motivo para ele ter conseguido escrever tantos livros. King vendeu milhões de livros e poderia preencher sua agenda com reuniões lucrativas e palestras, mas não o faz. Todas as manhãs, ele se senta à sua mesa, liga o computador e escreve sua cota diária de palavras. E por causa dessa disciplina e das milhares de vezes que ele disse "não" a oportunidades incríveis, milhões de leitores conhecem e amam seu trabalho.

Poucas pessoas percebem que um dos segredos do sucesso de Stephen King é a sua capacidade disciplinada de rejeitar oportunidades que o distrairão em troca de cumprir suas prioridades.

Se não soubermos quais são as nossas prioridades, diremos sim a tudo e dispersaremos tanto a nossa história que nossas vidas e trabalho não farão mais sentido.

A que você dirá "não" para dizer sim a uma vida focada e significativa?

> **Dica do Dia para Simplificar os Negócios Hoje**
>
> Diga não às distrações para ter a liberdade de dizer sim às suas prioridades.

DIA 20

Como Ser Produtivo — Bloqueie o Seu Tempo e Faça Mais

Um profissional orientado para o valor sabe bloquear o seu tempo.

Bill Gates nunca se atrasa para uma reunião. Quando questionado sobre o motivo, ele disse: "Porque o tempo é o único recurso finito, que não posso comprar mais."

O velho provérbio "tempo é dinheiro" não é exatamente correto. O tempo vale muito mais do que dinheiro. Tempo é vida. E o que fazemos com nosso tempo determina a qualidade de nossa vida.

Infelizmente, a maioria das pessoas não se preocupa muito em administrar seu tempo. Isso não significa que ele não seja gerenciado. Certamente o é. É gerenciado pela televisão, pelos horários escolares, pelas relações coercitivas, pelas exigências comerciais e pelo trabalho.

Jamais permitiríamos que outras pessoas administrassem o nosso dinheiro, então por que permitimos que administrem nosso tempo — que, como apontamos, vale muito mais do que dinheiro?

Um profissional orientado para o valor sabe que o tempo é seu bem mais precioso e, portanto, administra-o para gerar o máximo retorno sobre o investimento. E, como a vida não é só trabalho, um profissional orientado para o valor sabe bloquear o tempo de trabalho para fazer o máximo para conseguir passar mais do seu precioso tempo com amigos e familiares, e aproveitando seus hobbies.

Então, como administramos nosso tempo?

Vejo o tempo como as várias pistas de uma rodovia. Algumas se movem mais rápido do que outras. Na maior parte do tempo, se conseguirmos passar totalmente pelo lado esquerdo da rodovia, nós nos moveremos mais rapidamente. As constantes entradas e saídas no lado direito tendem a tornar o tráfego mais lento.

Bloquear períodos em que você não pode se distrair é o equivalente a entrar na via rápida e pisar no acelerador.

Depois de seu ritual matinal de reflexão e de compromisso com suas prioridades mais altas, continue bloqueando seu tempo pelo resto do dia (veja a Figura 3.5). Em blocos de uma, duas e três horas, você pode realizar muito. Ser multitarefas, no entanto, ou simplesmente deixar as distrações do dia ditarem sua direção resulta em uma produtividade menor.

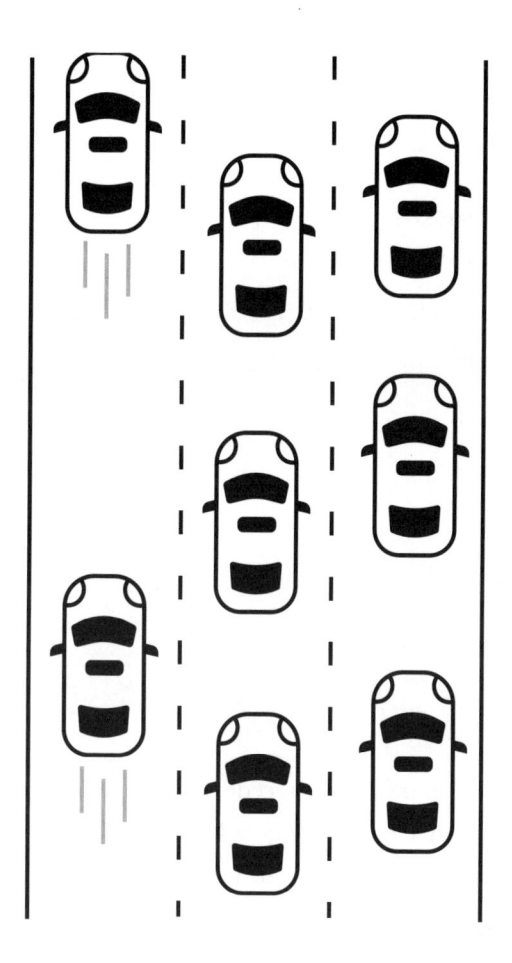

Toda a sua carreira é baseada no aumento da produtividade. Um profissional orientado para o valor pode realizar o dobro no mesmo período do que alguém que não usa o tempo de forma estratégica.

Profissionais de alto desempenho bloqueiam seu tempo com semanas de antecedência. Para mim, segunda-feira toda, e terça-feira e quarta-feira até o meio-dia são reservadas para escrever. As tardes de terça-feira e as de quarta-feira são reservadas para reuniões, e as quintas-feiras e a metade das sextas-feiras são reservadas para podcasts e gravações de vídeo. Também bloqueio a tarde de sexta-feira como um tempo pessoal, e a noite e os finais de semana para amigos e familiares.

COMPROMISSOS

7 : 30   Trabalhar em um novo projeto de escrita
___ : ___   _____
___ : ___   _____
___ : ___   _____
___ : ___   _____
___ : ___   _____

FIGURA 3.5

Bloquear meu tempo com antecedência me permite dizer não às distrações, porque, bem, ele já foi reservado. Há um lugar em que devo estar e algo que preciso fazer bem antes de começar.

A ideia é criar um ritmo de produtividade. Depois de saber quais são suas oportunidades de maior retorno, você pode bloquear sua semana em partes, para lhe permitir fazer essas coisas.

Quais tarefas importantes você precisa fazer a cada semana? Considere atribuí-las a um determinado período, definido com antecedência. Além disso, bloqueie o tempo pessoal para não reservar acidentalmente uma reunião de negócios durante o intervalo reservado para amigos e familiares. Bloquear seu tempo garante que você aproveitará mais, enquanto confiar seu tempo ao destino é o mesmo que jogá-lo no lixo.

> **Dica do Dia para Simplificar os Negócios Hoje**
>
> Profissionais orientados para o valor sabem bloquear o tempo e criar um ritmo de produtividade.

Profissional Orientado para o Valor

Aumente seu valor econômico pessoal dominando cada uma das competências essenciais.

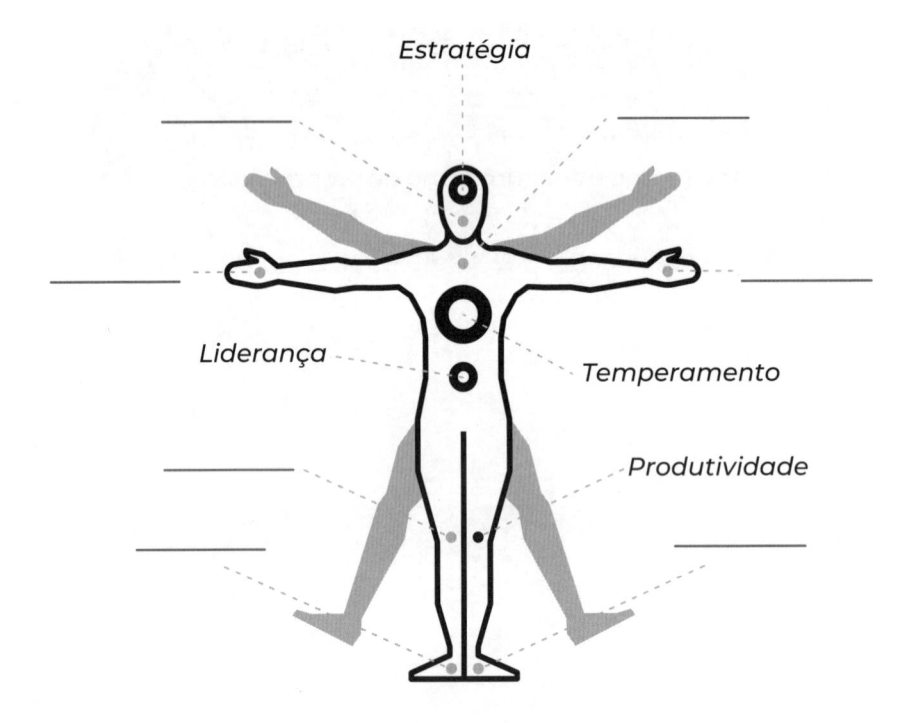

Estratégia

Liderança

Temperamento

Produtividade

CAPÍTULO QUATRO

SIMPLIFICANDO A ESTRATÉGIA

Como um Negócio Realmente Funciona
e como Evitar que Ele Quebre

INTRODUÇÃO

Agora que aprendemos os traços de temperamento de um profissional orientado para o valor com os elementos importantes para lançar uma visão e se tornar um profissional mais produtivo, eu lhe apresentarei uma perspectiva de negócios que normalmente é entendida apenas pelos executivos de nível mais alto.

Independentemente de você liderar uma equipe ou não, seu valor pessoal como profissional aumentará se demonstrar uma compreensão geral de como um negócio funciona. Surpreendentemente, muitos profissionais que passaram anos no mercado pensam que sabem seu funcionamento, mas não sabem. Em vez de entenderem o negócio como uma entidade com fins lucrativos que resolve problemas para clientes pagantes, eles pensam em um negócio mais como um grupo comunitário — isto é, que os clientes lhes dão dinheiro para que criem uma comunidade dentro de seus escritórios.

Essa perspectiva matará qualquer empresa. Rápido.

Sou a favor de uma grande comunidade de trabalho (sem ela, sua equipe terá problemas de motivação), mas um negócio deve ter sucesso financeiro, ou a comunidade não existirá. Acrescente o fato de que, se você não entender como um negócio realmente funciona, isso pode custar-lhe promoções e aumentos. E, se você possui ou dirige um negócio, não entender seu funcionamento pode custar-lhe tudo. Um negócio afundará ou agonizará com base nas decisões sábias e sólidas dos membros da equipe.

Então, como um negócio funciona? Se você souber a resposta para essa única pergunta, pode iniciar, administrar, vender ou consertar um negócio. Entender como um negócio funciona aumenta seu valor econômico pessoal no mercado aberto.

É claro que todo negócio é diferente, mas todos compartilham alguns componentes importantes. Se você os entender, saberá como tornar um negócio saudável e lucrativo.

Nos próximos cinco dias, apresentarei uma estrutura que ensinará como um negócio funciona. A estrutura foi projetada para identificar os tipos de decisões que fazem um negócio crescer.

Usando a analogia do avião, mostrarei as partes de um negócio e como elas encaixam para fazer uma máquina saudável, capaz de se elevar do solo para viajar para longe e rápido.

Se você já trabalhou em uma pequena divisão de uma empresa e se perguntou onde se encaixa na máquina, essa estrutura o ajudará. E, uma vez que puder ver o todo e suas partes, entenderá melhor como liderar não apenas você e sua divisão, mas como ajudar outros a criarem e a sustentarem um negócio que cresce em receita e lucro.

DIA 21

Como Criar Estratégia — Entenda o Funcionamento de um Negócio

Um profissional orientado para o valor sabe que um negócio funciona como um avião.

Como saber se um negócio vai quebrar ou voar?

Para responder a essa pergunta, primeiro você precisa entender a dinâmica do voo.

Em termos mais simples, um negócio funciona como um avião comercial.

Para essa analogia, mostrarei cinco partes distintas que precisam trabalhar juntas para que o avião voe. Cada parte representa um aspecto do negócio. E cada parte deve ser observada em proporção às necessidades, ou o negócio quebrará.

O Corpo: Despesas Gerais

A fuselagem do avião, é claro, é a parte em que você coloca as pessoas e a carga. Essa é a maior parte do avião, mas também é a função de todo o avião. O avião leva as pessoas aonde elas precisam ir. É também por isso que existe um negócio. Uma empresa existe para resolver um problema para os clientes. Em troca da solução desses problemas, recebe-se dinheiro e os membros da equipe conseguem empregos, assistência médica, e assim por diante.

Despesas Gerais

Vendas

Serviços

Marketing

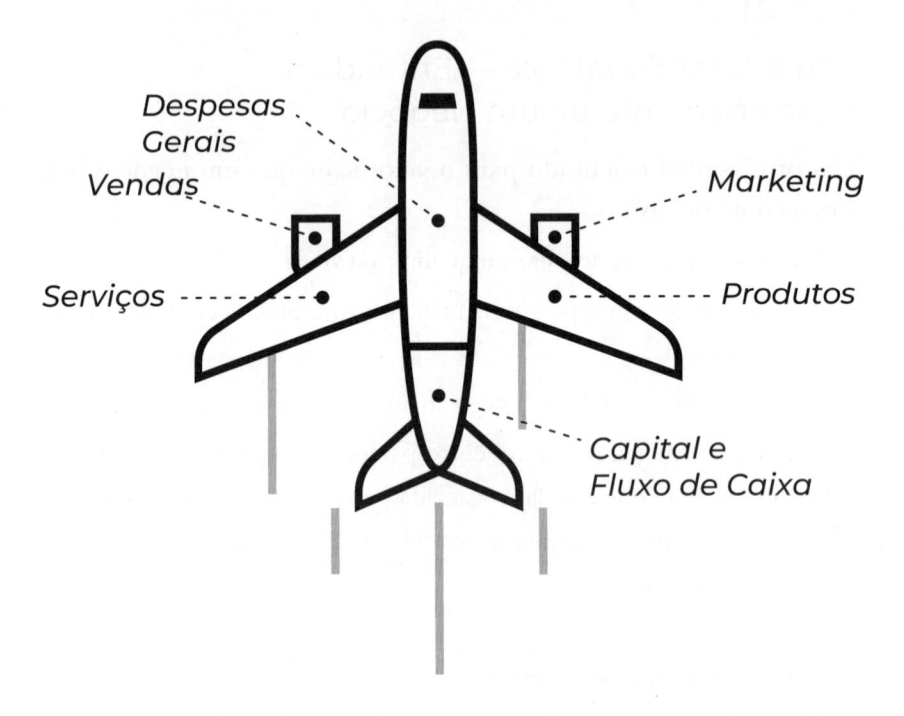

Produtos

Capital e Fluxo de Caixa

O corpo do avião representa as despesas gerais. Elas incluem salários, benefícios médicos, aluguel, material de escritório etc. Essas são despesas básicas, porque são necessários pessoas e suprimentos para resolver os problemas dos clientes em troca de receita.

As Asas: Produtos e Serviços

As asas do avião lhe dão sustentação. Quando o motor impulsiona o avião para a frente, a pressão do ar levanta as asas do solo, levando o corpo do avião consigo.

Os produtos e serviços impulsionam os negócios. As asas do avião representam tudo o que você vende. Pense nos produtos que você vende como a parte do avião que dá sustentação a ele. Sem produtos lucrativos para vender, a resistência do ar (receita) impede o avião de levantar do solo.

O Motor Direito: Marketing

Os motores impulsionaram o avião para a frente. Em um monomotor, você só tem um orçamento de marketing, mas, em um bimotor, você tem um orçamento de marketing e uma equipe de vendas. Independentemente disso, sem algum tipo de motor vendendo os produtos e impulsionando o avião, as asas não criam sustentação. Algum tipo de sistema de marketing ou equipe de vendas precisa impulsionar o negócio e vender os produtos.

Seu esforço de marketing deve vir primeiro, mesmo antes das vendas. O motivo é que ele é mais barato e, até que exista, sua equipe de vendas não terá uma mensagem clara no mercado que respalde seus esforços.

O Motor Esquerdo: Vendas

É verdade que um bimotor pode voar usando apenas um de seus motores, mas, quando você liga o segundo motor, o avião se move com um maior empuxo e obtém ainda mais sustentação. Agora ele pode voar mais rápido e mais longe, e o corpo do avião pode ficar ainda maior, empregando ainda mais pessoas para resolver ainda mais problemas para os clientes.

Seu segundo motor é o esforço de vendas. Sua equipe de vendas gera ainda mais dinheiro para que a empresa possa crescer e escalar.

Combustível: Capital e Fluxo de Caixa

Por último, o avião precisa de combustível. Não importa o quão eficiente ou leve seja, sem combustível, ele cairá. O combustível representa o fluxo de caixa. Uma empresa pode planar por um tempo quando fica sem dinheiro, mas acabará quebrando, e todos a bordo do corpo da empresa perderão seu sustento.

Se você está desenvolvendo um negócio, pode usar empréstimos ou trabalhar com investidores, mas o objetivo de qualquer negócio é operar com um fluxo de caixa positivo. Ter dinheiro suficiente para operá-lo é, de longe, o fator mais importante para o sucesso.

Como Manter o Negócio Voando?

Se as partes de um avião não estiverem em proporção entre si, ele cairá.

Os motores direito e esquerdo devem produzir empuxo suficiente para mover o avião para a frente, e as asas devem ser grandes o bastante para sustentá-lo. O corpo deve ser leve a ponto de ser levantado pelo motor e pelas asas. E, claro, o avião precisa de combustível para se manter no ar.

Todos esses princípios também são válidos para uma empresa. Você deve ter um produto (ou produtos) lucrativo, que os clientes desejam, e seus esforços de marketing e vendas devem ser fortes o bastante para vendê-los. Além disso, você deve controlar as despesas gerais para não quebrar o avião e ter dinheiro suficiente para pagar as contas.

Então, como tomar boas decisões de negócios? Lembre-se sempre da analogia do avião.

Sempre que um líder de negócios deseja aumentar as despesas gerais, mas não consegue conectar esse aumento a mais ou melhores produtos ou a esforços de vendas mais fortes e eficientes, eles estão tornando o avião mais pesado sem aumentar a capacidade de sustentação. Essa é uma decisão arriscada. Todas as seções do avião devem ser proporcionais. Sempre.

Se deseja transferir os funcionários para um escritório novo e moderno em uma parte cara da cidade, mas não tem uma linha de produtos de sucesso que são solicitados pelos clientes, você está tomando uma decisão terrível. Por quê? Porque deixará o corpo do avião mais pesado sem tornar as asas maiores e os motores mais fortes.

Se continuar tomando decisões como essa, o negócio quebrará.

Com base na metáfora simples do avião, aqui estão algumas coisas que os líderes empresariais inteligentes têm em mente quando dirigem uma empresa ou divisão de uma empresa:

- **Eles resistem a adicionar custos (em particular, recorrentes) às despesas gerais.** Os custos tornam a fuselagem do avião muito pesada e arriscam a segurança do emprego de toda a força de trabalho.

- **Eles fazem relatórios diários ou semanais que revelam se os esforços de marketing e vendas estão funcionando de forma eficaz.** Eles garantem que os motores esquerdo e direito produzam vendas para compensar o custo das despesas gerais.
- **Eles garantem que as margens de lucro dos produtos que criam sejam altas o suficiente para cobrir as despesas gerais necessárias para vendê-los.** Eles garantem que cada produto cubra seu próprio custo e as despesas gerais, e que as margens de lucro sejam altas o suficiente para fornecer segurança de trabalho para toda a equipe.
- **Eles aumentam constantemente a eficiência de sua produção, vendas e marketing.** Bons líderes de negócios são obcecados por eficiência. Assim como um bom engenheiro de aviões, os líderes de negócios estão sempre buscando criar uma máquina mais enxuta, rápida e eficiente. Em outras palavras, eles garantem que as relações atividade-produto sejam altas, para o capital ir mais longe.

Os negócios ficam muito mais complexos à medida que crescem, é claro, mas as cinco partes principais de um negócio nunca mudam.

Quando você entende como um negócio funciona, pode analisar rapidamente o que está e o que não está funcionando e monitorar a saúde dele.

Nos próximos cinco dias, examinaremos cada parte do avião para aprender como administrar melhor um negócio.

Depois de entender como um negócio realmente funciona, você será capaz de tomar decisões incríveis, tornando o seu negócio, ou a divisão da empresa na qual trabalha, mais forte e mais eficiente.

> **Dica do Dia para Simplificar os Negócios Hoje**
>
> Entenda as cinco partes de um negócio saudável para que você nunca sofra um acidente.

DIA 22
Como Criar Estratégia — Despesas Gerais Baixas

O corpo: Mantenha as despesas gerais o mais baixas possível.

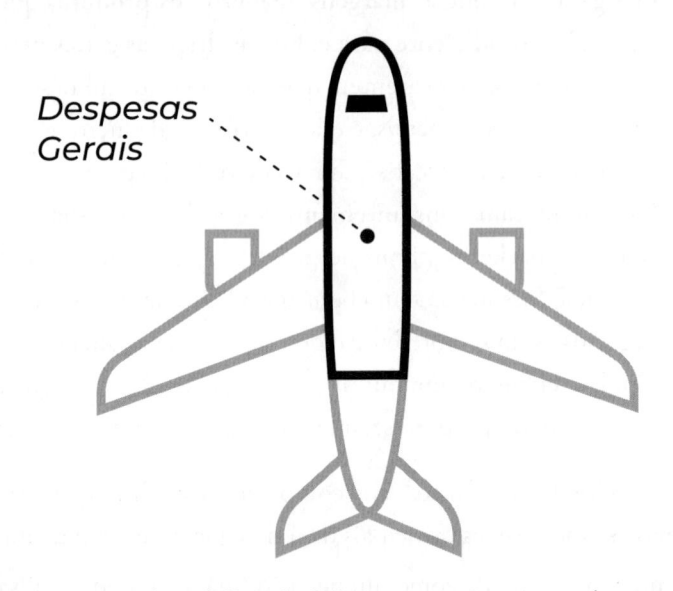

Despesas Gerais

Quando um negócio falha, ele falha por um motivo: as despesas gerais ficam altas demais para serem cobertas pelas vendas. Em outras palavras, os motores do avião eram muito fracos e as asas, muito pequenas para fornecer sustentação para o corpo superdimensionado.

O princípio de manter as despesas gerais baixas parece bastante óbvio. Infelizmente, esse princípio mais fundamental é frequentemente esquecido no dia a dia de uma empresa.

No nevoeiro de um ano comercial, um líder pode aprovar uma viagem de pesquisa cara, uma estrutura de bônus ou dobrar um lançamento de produto que falhe — e de repente, o fluxo de caixa chega a zero.

E o fluxo de caixa parece sempre chegar a zero de repente. Ninguém consegue antecipar isso.

Falhas como essa são compreensíveis. Todos ficamos tão ocupados criando um produto ou imaginando quão boa será nossa estratégia de marketing que as despesas gerais se expandem sem nem sequer repararmos.

O que são despesas gerais?

Há muitas definições para despesas gerais, mas usei esta definição simples por anos: despesas gerais são todo custo dos negócios que não está relacionado à criação de produtos, ao marketing nem às vendas.

Ou seja, despesas gerais são tudo o que não está ativamente envolvido no impulso que move o negócio para a frente ou nas asas que o sustentam.

As despesas gerais são o aluguel, o plano de saúde, os refrigerantes na geladeira do escritório e as lâmpadas piscando. São os salários de todos os cargos que não criam produtos, nem o marketing nem a venda deles.

É por isso que, para seu desgosto, o pessoal do administrativo geralmente recebe menos do que quem fabrica, comercializa e vende produtos.

A menos que o dinheiro seja gasto no esforço direto para ganhar mais dinheiro, essa despesa deve ser questionada. Esse é o segredo para manter as despesas gerais sob controle.

Isso não significa que gastamos tanto dinheiro em marketing, vendas e criação de produtos quanto desejamos. A verdade é que temos que ser controlados, leves e eficientes em tudo. Dito isso, uma despesa que leva diretamente a uma maior sustentação será aprovada muito mais rápido do que uma que só serve para aumentar o peso do avião.

Nem é preciso dizer que, se as suas despesas gerais (corpo do avião) ficarem grandes e pesadas, mas sua oferta de produtos for muito limitada (asas pequenas) e seus esforços de vendas e marketing não forem fortes (motores fracos), o avião cairá.

Precisamos entender esse princípio para o negócio ser bem-sucedido.

Uma maneira de garantir que seu produto ou empresa não falhe é monitorar as despesas gerais sorrateiras.

Por exemplo, ao decidir se deve ou não lançar um produto, um líder de negócios orientado para o valor sempre procurará saber como esse esforço afetará as despesas gerais. Por quê? Porque, mesmo que seja um lançamento (tornando as asas maiores), as despesas gerais aumentarão (o corpo ficará maior), e ele calculará se as asas maiores fornecerão sustentação suficiente para o corpo mais pesado.

Antes de um piloto decolar, ele faz um cálculo cuidadoso para garantir que o avião não está muito pesado. Se o avião for pequeno, às vezes malas e até mesmo clientes serão removidos para garantir a segurança do avião.

Um líder inteligente assegurará que as asas do avião sejam grandes, os dois motores, fortes e o corpo, fino e leve, porque ele sabe que, se não o fizer, o negócio quebrará.

Novamente, o ponto é este: Manter as despesas gerais baixas é sempre uma prioridade. Do contrário, o negócio ficará muito pesado e quebrará.

Aqui estão algumas perguntas que um estrategista de negócios inteligente fará para manter o negócio enxuto, leve e seguro.

1. *De quem é o tempo que será usado para criar, lançar e vender o produto?* Tempo é caro. Se não conseguirmos calcular quanto do tempo do nosso pessoal será usado se lançarmos um produto, arriscamos a segurança do negócio.

2. *Quem precisa ser contratado para executar o projeto e quanto lhe será pago?* Salários geralmente são a maior despesa, e precisamos saber com antecedência quanto ela crescerá para lançar um produto. Não só isso, mas precisamos saber como esses salários serão divididos em criação de produto, vendas e marketing versus administrativo. Lembre-se de que a criação, as vendas e o marketing do produto contribuem para o aumento das despesas gerais, enquanto grande parte dos custos administrativos é necessária.

3. *Quanto as despesas gerais aumentarão se lançarmos o produto?* Precisaremos de um escritório maior, mais assistência médica,

um departamento de RH maior, mais aprendizado, esforços de desenvolvimento etc.? Em outras palavras, se tornarmos as asas do avião maiores, quanto maior o corpo precisará ser para suportá-las?
4. *Podemos cortar custos desnecessários no lançamento para garantir que o avião inteiro não fique muito pesado?* Se quisermos que o avião seja seguro e confiável, devemos aumentar a eficiência e o empuxo dos motores, e o tamanho e a força das asas, e diminuir o peso do corpo. Em outras palavras, devemos aumentar a eficiência geral. Sempre.

> **Dica do Dia para Simplificar os Negócios Hoje**
>
> Para criar um negócio seguro, que cresça, classifique suas despesas em quatro categorias principais: criação de produto, vendas, marketing e despesas gerais.

DIA 23
Como Criar Estratégia — Faça e Venda os Produtos Certos

Asas: Há demanda para os produtos que estamos vendendo, e eles são lucrativos?

É fácil ficar confuso sobre quais produtos devemos criar e para quais produtos devemos alocar recursos valiosos de vendas.

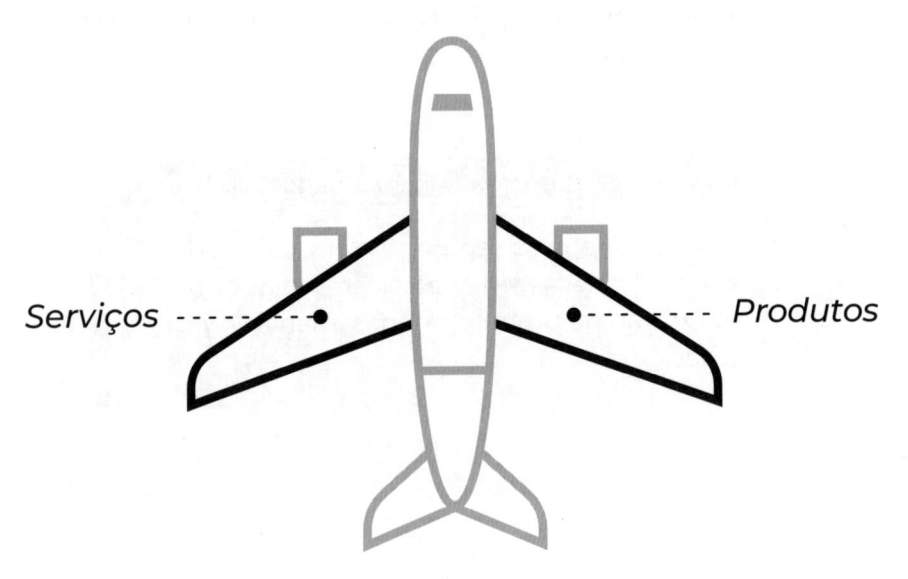

Serviços ------- •   • ------- *Produtos*

Com frequência, essas são decisões emocionais. Amamos a equipe que deseja criar o produto "X" e, convenhamos, devemos um favor a ela. Ou dobramos a importância de criar o produto "Y" na última reunião de liderança e, embora as vendas estejam baixas, temos que alocar mais recursos a ela ou parecerá que tomamos uma decisão errada. Ou, pior, temos a oportunidade de gerar receita rápida se colocarmos um pouco de foco no produto "Z", e Deus sabe que precisamos pagar as contas.

Nenhum desses motivos para criar um produto ou alocar recursos valiosos de vendas e marketing para ele são bons.

Os produtos que você cria são as asas do avião. Quando os vendemos, o avião se levanta e nos permite voar.

Ao escolher em quais produtos focar, escolha aqueles que tenham duas características críticas:

1. **Produtos leves.**
2. **Produtos fortes.**

O que quero dizer com produtos leves e fortes?

1. **Produtos leves.** Eles podem ser vendidos com um lucro considerável ou com um lucro menor, mas em grande volume.
2. **Produtos fortes.** Há uma forte demanda por eles no mercado.

Em outras palavras, independentemente de como nos sentimos em relação a um produto, investiremos apenas em produtos lucrativos e com demanda. É isso. Se não o fizermos, prenderemos asas pequenas e fracas em nosso avião, e isso levará a um acidente.

Ao decidir se deve ou não criar um produto, vendê-lo ou mesmo comprar uma empresa que fabrica um produto, a lucratividade e a demanda são as considerações mais importantes. Novamente, se um produto não tiver demanda ou se não for lucrativo, as asas do seu avião ficarão frágeis e fracas. Elas não suportarão a carga geral da aeronave, e ela cairá.

Esses critérios também são importantes para otimizar a oferta de produto. Anos atrás, a empresa pode ter precisado de dinheiro e decidiu vender o produto "X" por R$500. O fluxo de caixa melhorou no momento, até que de repente você voltou à estaca zero. Por quê? O produto custava R$425 para ser produzido e o lucro de R$75 não cobria as despesas gerais.

O produto não era leve. Não tinha margem de lucro suficiente.

Outro produto pode ter sido criado porque um cliente disse que você deveria colocá-lo no mercado. Ele prometeu que o compraria. Então, você gastou muito capital para fazê-lo e percebeu que só havia uma pessoa no mundo que o queria. Não havia mais demanda.

Essa foi uma má decisão, não porque o produto não fosse lucrativo, mas porque a demanda não era alta.

Com base nesses critérios, talvez seja hora de fazer uma faxina na empresa que você gerencia, seja ela qual for. Atualmente você está vendendo produtos que não são lucrativos? Está armazenando produtos que claramente não são mais solicitados?

Você pode fortalecer as asas do avião rapidamente retirando produtos que não são lucrativos ou que não têm demanda e substituindo-os por produtos que atendam a ambos os critérios.

Certos produtos são, é claro, líderes em perdas — o que significa que você vende muitos deles a preço de custo ou até abaixo para que consiga vender outros itens posteriormente. Se for o caso, esse produto acaba passando. Mas tenha cuidado. Uma estratégia melhor é criar produtos que levem a vendas incrementais que tenham demanda e sejam lucrativas.

Analise os produtos que você está vendendo. Eles são leves e fortes? Existe demanda? Eles são lucrativos? Do contrário, agilize sua oferta de produtos para não desperdiçar uma sobrecarga preciosa e energia empurrando produtos que não suportam a elevação do avião.

Para serem seguras e úteis, as asas devem ser fortes e leves. Em um negócio, os produtos devem ter demanda e ser altamente lucrativos.

> **Dica do Dia para Simplificar os Negócios Hoje**
>
> Para aumentar a receita e o lucro no negócio, analise se os produtos que está vendendo têm demanda e são lucrativos.

DIA 24
Como Criar Estratégia — Priorize o Marketing

Motor direito/marketing: Teste a comercialização do produto.

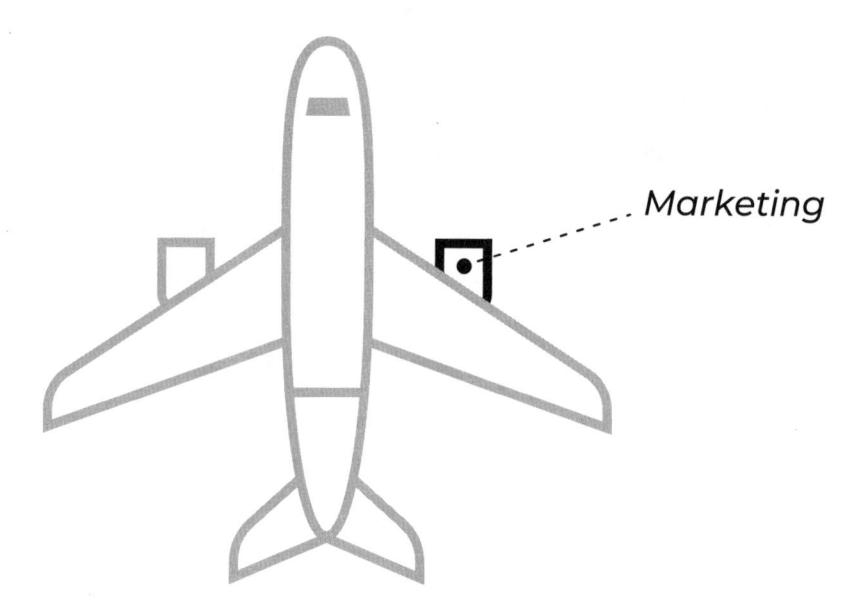

Marketing

Um dos meus filmes favoritos da vida é *Campo dos Sonhos*. No filme, Kevin Costner interpreta um fazendeiro instruído por uma voz misteriosa a construir um campo de beisebol em seu milharal. A voz sussurra repetidamente: *Se você construir, eles virão*. Então, ele constrói, e eles vão.

Pelo que eu sei, esse filme de ficção é o único exemplo de algo que atraiu a atenção apenas porque foi feito. Infelizmente, quase tudo na vida precisa ser construído e depois respaldado por uma campanha de marketing.

É regra: Se você não atrair pessoas para o que construiu, elas não irão.

Se você acha que seu negócio prosperará simplesmente porque você tem um ótimo produto, você está errado. Existem muitos produtos excelentes por aí. As empresas que prosperam são aquelas que dominam a arte de contar aos clientes sobre seus produtos.

Mais adiante neste livro, passarei uma semana inteira falando sobre como construir uma campanha de marketing de sucesso, mas, por enquanto, deixe-me dar uma dica simples para que você saiba como testar um produto para ver se uma campanha de marketing funcionará. Aqui está:

Antes de lançar um produto, peço ao departamento de marketing que crie uma landing page (página de marketing) para ele, para pesquisar o interesse no produto em si.

Faço sites para os produtos como se eles existissem e, em seguida, pesquiso clientes em potencial para consultar o interesse neles. Em vez de colocar um botão "Compre Agora" no site, coloco "Entrar na Lista de Espera" para ver quantas pessoas clicam nele.

Não estou falando apenas da representação visual de uma página de destino; estou falando de uma página real e oculta na web similar à que construiríamos se o produto já existisse.

Elaborar o material de marketing antes mesmo de o produto existir faz duas coisas:

1. **Ajuda a esclarecer sua linguagem de marketing.** Construir a página de vendas do produto ajuda a criar e a revisar linguagem que despertará o interesse do cliente. Crie a página, converse sobre ela com a equipe e compartilhe-a com um grupo seleto de clientes em potencial para obter feedback.
2. **Confirma o interesse do consumidor.** Depois de esclarecer sua linguagem de marketing, libere a página para o público ou para um grupo selecionado de clientes para encomendas. Coletar encomendas é uma ótima maneira de criar entusiasmo sobre o produto e descobrir se as pessoas estão ou não interessadas.

A landing page é um rascunho, é claro, mas deve ser criada como se você estivesse lançando o produto no mercado. Cada detalhe deve ser considerado.

Testar sua linguagem de marketing é como testar um motor antes de conectá-lo ao corpo do avião. A maioria das empresas espera até o último minuto para preparar suas ideias de marketing, porque sua energia está sendo usada para criar o produto. Mas, sem a linguagem e o plano de marketing corretos, ninguém se sentirá atraído pelo produto depois que ele ficar pronto. Então, por que não testar o motor primeiro?

Ao criar uma página de vendas de teste com antecedência, você ganhará mais confiança sobre como falar do produto e se ele terá sucesso ou não no mercado. Você também fará com que sua equipe de marketing (ou avião) fique preparada com bastante antecedência do lançamento, de modo que não espere até o último minuto para ter certeza de que esse motor crítico fornecerá empuxo para o avião.

Obviamente, você precisa ter certeza de que o produto pode realmente ser fabricado antes de vendê-lo aos clientes. Dito isso, há momentos em que os pedidos são tão poucos que precisam ser reembolsados e o lançamento do produto cancelado; do contrário, o avião despencará.

Mais uma vez, mais adiante neste livro, passaremos uma semana inteira falando sobre como criar um plano de marketing que funciona. Por enquanto, porém, considere testar os produtos antes de lançá-los como uma forma de se proteger de erros perigosos.

Dica do Dia para Simplificar os Negócios Hoje

Crie uma página de vendas de marketing para testar a linguagem de marketing e avaliar o interesse em um produto antes mesmo que ele exista.

DIA 25

Como Criar Estratégia — Crie um Sistema de Vendas

Motor esquerdo/vendas: Crie um passo a passo que seus clientes seguirão para fazer uma compra e monitore o progresso de cada lead.

Para que o motor de vendas do negócio produza impulso, precisamos de uma estrutura e de um sistema de vendas.

Contratar um vendedor e deixá-lo solto não basta. Esse vendedor precisa de um passo a passo para converter leads em clientes e assumir responsabilidade pessoal por isso, se ele quiser se destacar.

Mais tarde, passaremos uma semana inteira aprendendo a estrutura para simplificar as vendas, mas, por agora, pergunte-se quanto mais você, seus vendedores e toda a sua equipe de vendas produziriam se tivessem um passo a passo para orientar os clientes e métricas que lhes permitam saber quais clientes estão em quais fases da jornada de compra.

O objetivo, claro, é fechar mais negócios. Devem ser estabelecidas metas semanais e mensais que motivem os profissionais de vendas a orientar mais clientes por esse caminho.

É assim que seu departamento de vendas deve operar:

O Passo a Passo

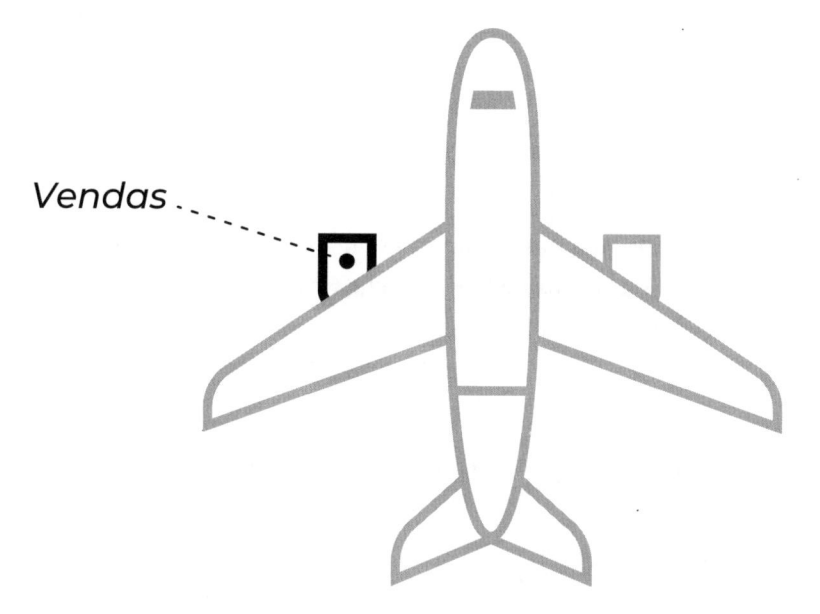

Vendas

Toda equipe de vendas precisa de uma série de etapas para converter um lead qualificado e fechar um negócio. Esta série de etapas é simples:

1. Qualifique a liderança.
2. Envie as informações dos leads e agende uma ligação.
3. Faça uma reunião de admissão.
4. Destaque pontos de discussão predeterminados.
5. Entre na sequência de fechamento.

Há muitas maneiras de estruturar o caminho, mas simplesmente ter um caminho permitirá que você estabeleça metas e monitore o progresso de cada lead. Mais uma vez, mais adiante neste livro, detalharei a estrutura para simplificar as vendas que fornecerá um passo a passo fácil, mas o objetivo é predeterminar o caminho para converter leads em clientes e ser capaz de contar o número de leads em cada estágio dele.

Existem várias ferramentas de software que você pode usar para monitorar quais clientes potenciais estão em qual estágio do relacionamento.

O ponto é este: Quando você cria um passo a passo para interagir com clientes em potencial, entende melhor as necessidades deles e, assim, estabelece relacionamentos mais significativos, ajuda mais clientes a resolverem seus problemas e fecha mais vendas.

Você tem um passo a passo para orientar os clientes a fim de fechar uma venda? E você sabe em que fase cada cliente está para poder interagir com ele da maneira mais útil possível? Se não, crie um sistema de vendas e atenda a mais clientes enquanto aumenta a receita geral.

> **Dica do Dia para Simplificar os Negócios Hoje**
>
> Aumente as vendas criando um passo a passo para seus clientes seguirem. Em seguida, monitore o progresso de cada lead.

DIA 26

Como Criar Estratégia — Proteja o Fluxo de Caixa

Combustível: Observe o fluxo de caixa de perto, porque, se você ficar sem dinheiro, seu negócio quebrará.

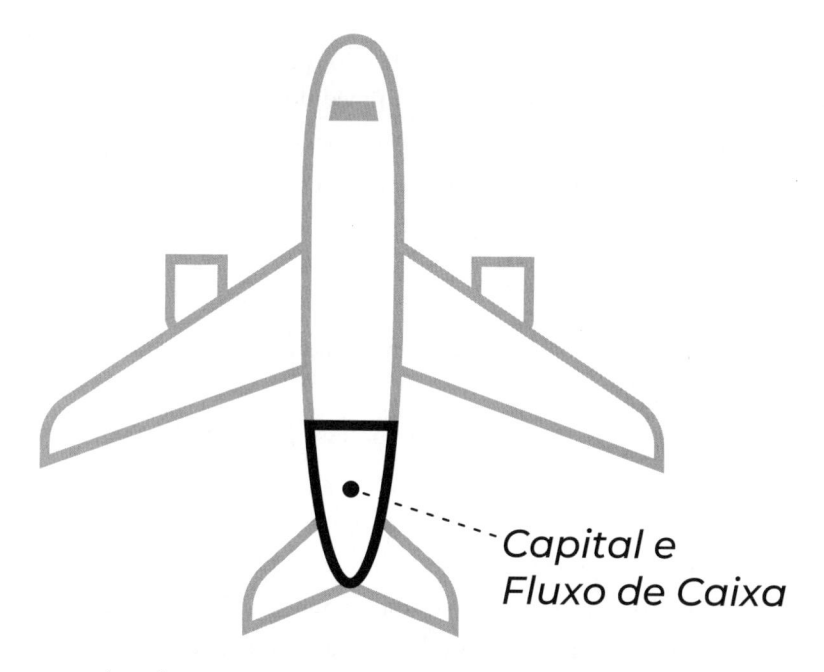

Capital e Fluxo de Caixa

Você pode ter um avião em perfeito estado, com asas gigantes e fortes, um corpo fino e leve e dois motores potentes, e ainda assim sofrer um acidente terrível se ficar sem combustível.

Em uma empresa, o dinheiro acessível no banco é o combustível. Se você não tem um fluxo de caixa forte, o avião cairá de qualquer jeito.

É importante nos perguntarmos como cada decisão tomada afetará o fluxo de caixa. Se um novo produto exigir uma enorme quantidade de pesquisa e desenvolvimento, seguido por uma produção cara e um longo ciclo de vendas, estamos decidindo voar em um vento contrário que drenará o combustível rapidamente. Essa decisão precisa ser tomada com cuidado.

Um número chocante de líderes empresariais insiste em saber se tem ou não capital para alimentar qualquer projeto em que queira embarcar. Mas um bom piloto nunca confiaria em seus instintos no que tange à quantidade necessária de combustível.

Na verdade, qualquer pessoa que tenha feito algumas aulas de voo sabe que, antes de decolar, você nem confia no medidor de combustível. Você literalmente rasteja na asa e usa um instrumento para se certificar, mecanicamente, de que há combustível nesses tanques.

Aqui estão sete perguntas sobre finanças a serem feitas antes de tomar uma importante decisão de negócios:

1. De quanto dinheiro precisaremos para criar esse produto antes de lançá-lo?
2. Qual é a nossa margem de lucro nesse produto? Tem potencial de retornar o dinheiro?
3. Quando começaremos a ganhar dinheiro com esse produto?
4. Como o lançamento desse produto afetará nossos outros fluxos de receita? Isso reduzirá o dinheiro que vem de outro lugar?
5. Perder dinheiro nesse produto gera vendas e lucros em outro lugar? Sendo assim, quanto?
6. Como podemos torná-lo mais lucrativo?
7. Que iterações desse produto poderíamos vender por mais dinheiro?

Use essas perguntas para estimular o pensamento sobre cada um dos fluxos de receita. Certifique-se de usá-las para gerar números reais. Até chegar a eles, você só espera ter combustível suficiente. Os números reais dirão se você pode fazer a viagem ou não. Eles não mentem.

Nada alerta o seu chefe mais rápido do que uma conversa em que se torna óbvio que você não entende o fluxo de caixa. As decisões devem ser tomadas com base unicamente em sua capacidade de afetar direta ou indiretamente a quantidade de dinheiro que entra na empresa.

Chamo essa linha de pensamento de "filtro de combustível", porque cada decisão deve ser filtrada pela pergunta: "Como isso afetará o dinheiro?"

Você executa todas as decisões por meio do filtro de combustível, perguntando como afetará a capacidade da empresa de manter um fluxo de caixa saudável?

> **Dica do Dia para Simplificar os Negócios Hoje**
>
> Pergunte-se como cada decisão que você tomar afetará o fluxo de caixa.

Profissional Orientado para o Valor

* Aumente seu valor econômico pessoal dominando cada uma das competências essenciais.

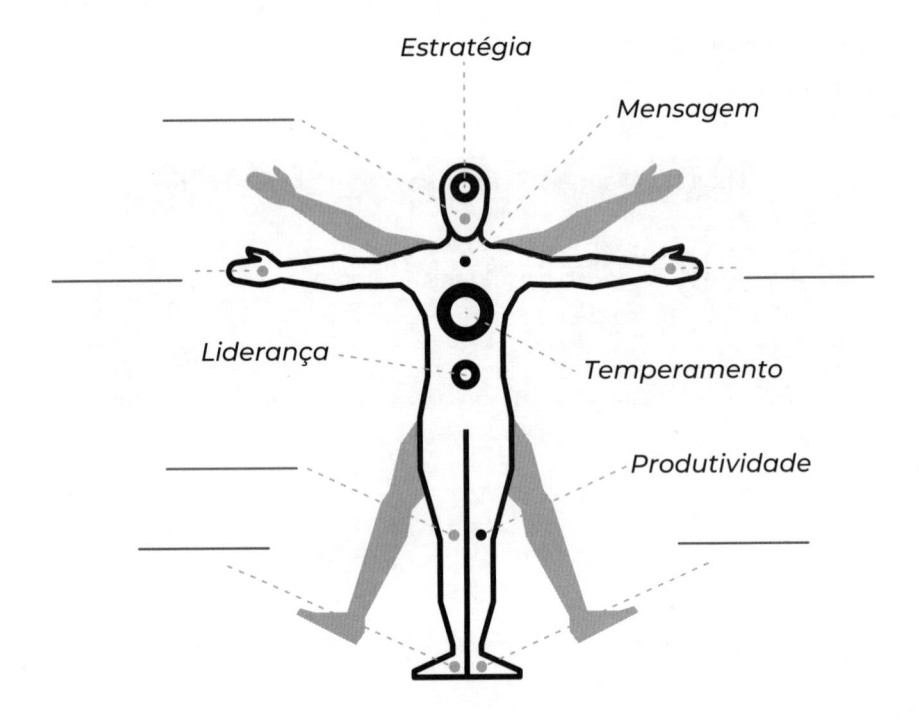

Estratégia

Mensagem

Liderança

Temperamento

Produtividade

CAPÍTULO CINCO

SIMPLIFICANDO A MENSAGEM

Como (e por que) Esclarecer Sua Mensagem de Marketing

INTRODUÇÃO

Agora que estabelecemos o temperamento de um profissional competente, aprendemos a lançar uma visão, tornamo-nos mais produtivos e entendemos como uma empresa funciona, é hora de aprender a esclarecer uma mensagem.

Todos esses projetos em que estamos trabalhando não irão a lugar nenhum, a menos que possamos explicar sua importância para os clientes em uma mensagem de marketing que atraia compradores.

Os clientes não são apenas atraídos por um bom produto, mas por uma mensagem clara que os descreva.

Nas próximas duas seções do livro, eu o ensinarei a esclarecer uma mensagem de marketing e, em seguida, a criar um funil de vendas usando as frases de efeito que você gera a partir desse processo de esclarecimento.

Qualquer profissional que sabe esclarecer uma mensagem de marketing vale muito mais no mercado. Por quê? Porque uma mensagem clara vende produtos.

A coisa mais difícil de fazer como profissional é chamar a atenção das pessoas, mas, nos próximos cinco dias, vou lhe ensinar como fazê-lo. Eu o ensinarei a envolver os clientes com uma mensagem clara e atraente.

Se puder explicar claramente como seu produto torna a vida das pessoas melhor, você venderá mais produtos.

Nos próximos cinco dias, eu o ensinarei a criar várias frases de efeito estratégicas que fazem os clientes quererem comprar seus produtos.

Uma vez que você as tenha dominado, pode repeti-las indefinidamente, como se estivesse levando o mundo a um exercício de memorização. Isso é o que profissionais de marketing disciplinados fazem. Eles levam o mundo a um exercício de memorização. Os amadores falam o que pensam, mas os profissionais orientados para o valor guiam os pensamentos das pessoas repetindo frases de efeito disciplinadas, que convidam os clientes a comprar um produto que mudará suas vidas.

Quando criar suas frases de efeito, anote-as na estrutura da Figura 5.1.

A rede fará mais sentido depois dos próximos cinco dias. Você pode criar sua própria rede de mensagens com uma ferramenta que criei em MyStoryBrand.com. Essa ferramenta, em inglês, também é gratuita.

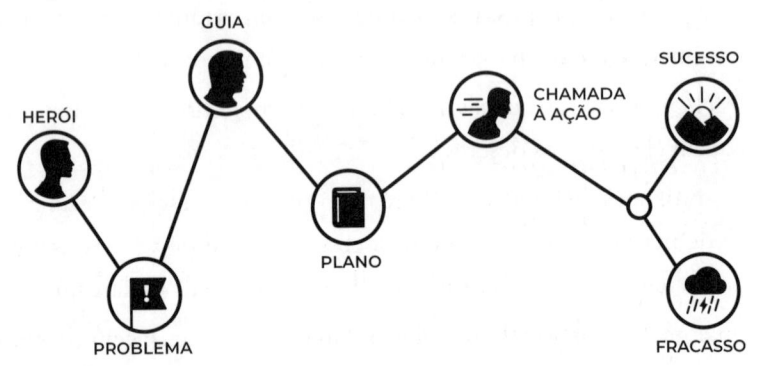

FIGURA 5.1

Após entender como esclarecer uma mensagem, você pode usá-la para criar o material de marketing, dar melhores discursos, criar um excelente argumento de venda ou mesmo contar a história da importância do seu trabalho para o mundo. Resumindo, depois de criar uma mensagem clara, você pode impactar positivamente o mundo por meio de seus negócios.

Você pode afirmar claramente como seus produtos mudam a vida das pessoas? Você tem frases de efeito que fazem as pessoas quererem saber mais ou até mesmo fazer uma compra? Quando você tenta criar um protótipo de um site ou escrever um discurso, você se sente travado?

Nos próximos cinco dias, apresentarei a estrutura de mensagens StoryBrand para esclarecer sua mensagem e fazer as pessoas a ouvirem.

DIA 27
Como Esclarecer a Mensagem — Use Histórias para Envolver os Clientes

Ao esclarecer sua mensagem, use o poder das histórias.

A maioria das pessoas passa 30% do tempo sonhando acordada. Na verdade, na maior parte do tempo, enquanto conversamos com outras pessoas, ouvimos discursos, mexemos em nossos telefones e até mesmo quando comemos uma refeição, estamos completamente ausentes.

Sonhar acordado e estar ausente não são coisas ruins. Na verdade, sonhar acordado é um mecanismo de sobrevivência. Quando sonhamos acordados, conservamos energia mental para caso precisemos dela mais tarde para a sobrevivência. Se algo não for interessante, sua mente o colocará no modo de devaneio para que você não use a energia de que pode precisar mais tarde, se encontrar uma ameaça.

Isso significa que na maioria das vezes em que tentamos explicar algo importante para alguém, ele luta contra a tentação de sonhar acordado.

A não ser que.

A única ferramenta conhecida pelo homem que pode impedir as pessoas de sonharem acordadas é a história. Quando começamos a ouvir uma história, paramos de sonhar acordados e prestamos atenção nela.

A história é poderosa a esse ponto.

A maioria das pessoas, porém, não sabe como contar uma história e certamente não sabe como filtrar sua mensagem entre seus elementos para chamar a atenção das pessoas.

Para você, isso muda hoje. Eu lhe ensinarei uma fórmula para contar histórias e depois passarei a semana seguinte detalhando-a para que você crie ótimas mensagens de marketing, faça apresentações fantásticas e chame a atenção.

Aqui vamos nós...

Um personagem busca algo: Uma boa história começa com um personagem. Ele entra em cena e logo temos que saber claramente o que ele quer. Pode ser se casar com a mulher. Desarmar a bomba. Seja o que for, tem que ser específico, ou perderemos o público.

Ele se depara com um problema: Em seguida, não podemos deixar o personagem conseguir o que quer, ou a história não será interessante. Temos que definir algum tipo de problema com o qual o personagem está lutando. O problema é o segredo, se não o definirmos, as pessoas pararão de prestar atenção.

Ele conhece o guia: Em seguida, o herói conhece outro personagem, o guia, que superou o mesmo problema com o qual o herói está lidando. O guia então o ajuda a superar o problema e a ter sucesso.

O guia dá um plano ao herói: Então, o guia dá ao herói um plano que ele pode usar para superar o problema. Normalmente, esse plano se desdobra em uma série de etapas que definem a jornada que o herói deve fazer para ter sucesso.

O guia chama o herói à ação: Após traçar o plano, o guia desafia o herói a agir. Eles devem fazer um movimento para resolver seus problemas e superar seus desafios. Os heróis não agem a menos que sejam desafiados pelo guia a fazê-lo.

Defina o que está em jogo — Sucesso: Uma vez que o herói entra em ação, deve haver riscos na história, ou ela se tornará entediante. Como será a vida se o herói vencer o dia? Ele se casará com a garota? Salvará a aldeia? O contador de histórias deve pintar um quadro de como será a vida se tudo correr bem.

Defina o que está em jogo — Fracasso: É igualmente importante mostrar ao público como será a vida do herói se ele não vencer o dia. O herói ficará sozinho para sempre? A aldeia sofrerá perda de vidas? Se nada de ruim pode acontecer ao herói, a história se torna enfadonha e entediante. Algo deve ser potencialmente ganho ou perdido, ou a história não envolverá o público.

Sempre que você estiver fazendo uma apresentação (compartilharei mais dicas sobre como fazer apresentações em uma seção posterior deste livro), ou estruturando um site, ou mesmo dando um argumento rápido de venda, use essa fórmula simples de contar histórias para envolver seu público.

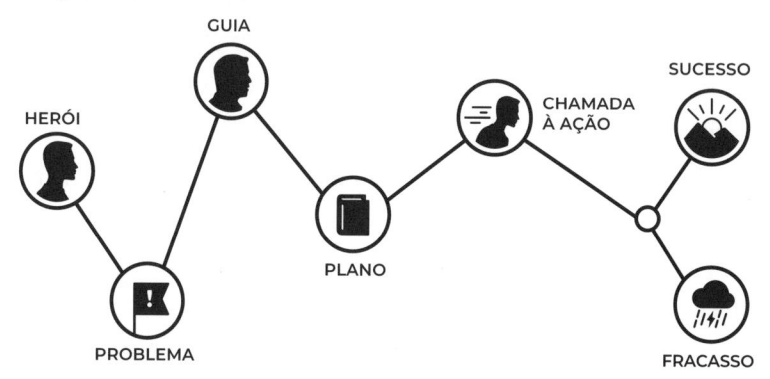

FIGURA 5.2

Por exemplo, aqui está a fórmula da história usada por um padeiro para vender um bolo de casamento:

Um personagem busca algo: Toda noiva quer um lindo bolo de casamento que reflita o significado daquele momento.

Ele se depara com um problema: O problema é que a maioria dos bolos de casamento tem um gosto horrível, e isso, literalmente, deixa um gosto ruim na boca dos convidados.

Ele conhece o guia: Na Eighth Street Bakery, nós nos cansamos de bolos de casamento de sabor ruim e desenvolvemos um processo para conferir um sabor fantástico a bolos deslumbrantes.

O guia dá um plano ao herói: Para contratar nossos serviços, basta marcar uma hora, passar na loja para fazer uma prova de degustação e agendar a entrega do seu bolo.

O guia chama o herói à ação: Agende sua hora hoje.

Defina o que está em jogo — Sucesso: Se o fizer, seus convidados ficarão surpresos com a beleza e o sabor do seu bolo.

Defina o que está em jogo — Fracasso: Não deixe seu bolo ser uma decepção desagradável. Agende sua hora hoje.

Isso, sim, é um argumento de venda. E essa linguagem pode ser usada em apresentações, sites de marketing, e-mails e até mesmo em vídeos.

Depois de saber como a história funciona, você pode esclarecer qualquer mensagem para que as pessoas a ouçam.

Nos próximos quatro dias, examinaremos mais de perto esses elementos da história e o ajudaremos a criar uma mensagem cada vez mais clara. Não importa em qual projeto você trabalhe, ser capaz de falar dele de forma envolvente atrairá os recursos de que precisa para torná-lo um sucesso.

> **Dica do Dia para Simplificar os Negócios Hoje**
>
> Saiba filtrar sua mensagem de marketing por meio dos elementos de uma história que envolva o público.

DIA 28

Como Esclarecer a Mensagem — Posicione Seu Cliente como o Herói

Ao esclarecer sua mensagem de marketing, nunca se posicione como o herói. Sempre se posicione como o guia.

Nas histórias, os heróis não são os mais fortes. Na verdade, os heróis nem sempre estão dispostos a entrar em ação, cheios de dúvidas, preocupados que a história não acabe bem e precisando desesperadamente de ajuda.

Nas histórias, os heróis são personagens fracos que se tornam fortes.

No entanto, há outro personagem na maioria das histórias que já é forte. O guia existe na história para ajudar o herói a vencer. Por isso, sempre que esclarecemos nossa mensagem, devemos nos posicionar como guia, não como herói.

É ótimo interpretar o herói na vida. E todos somos heróis em uma missão buscando algo. Mas, no mundo dos negócios, troque os papéis e faça o guia. Ele existe para ajudar o herói a vencer, e é por isso que existem negócios. Ele resolve os problemas dos clientes, ele os ajuda a vencer e os transforma em versões melhores (ou mais bem preparadas) de si mesmos.

Uma pessoa comum desempenha muitos papéis todos os dias. De manhã, enquanto revisa sua agenda e planeja o dia, faz o papel de herói.

Então, enquanto ajuda os filhos a se prepararem para a escola, veste o papel de guia, ajudando-os a se tornarem uma versão melhor de si mesmos.

Mais tarde, no escritório, continua bancando o herói enquanto realiza suas tarefas diárias. Mas, assim que pega o telefone para falar com um cliente, vira o guia.

Para realizar muito na vida, seja o herói, mas, quando estiver com clientes, sempre seja o guia, e nunca o herói. Por quê? Porque os clientes procuram um guia que os ajude a vencer. Eles não estão procurando outro herói.

Alguns de nossos personagens favoritos do cinema são, na verdade, os guias. Em *Star Wars*, Yoda e Obi-Wan ajudam Luke e seus amigos a lutarem contra o império do mal. E, em *Jogos Vorazes*, Haymitch ajuda Katniss a sobreviver e a vencer.

Os guias são os personagens mais fortes da história porque eles já superaram os mesmos desafios que os heróis devem superar. Isso significa que eles são experientes e bem preparados, e sabem como vencer.

Na vida, as pessoas necessitadas (que às vezes somos todos nós) não procuram outros heróis; procuram guias. Portanto, se uma marca, produto ou líder se posiciona como o herói, e não como o guia, os clientes muitas vezes olharão além dele em busca de outra marca, líder ou produto.

Qual é a diferença entre o posicionamento como herói e como guia? Um herói conta sua própria história enquanto um guia a entende e se sacrifica para ajudá-lo a vencer.

Os guias são fortes, autoconfiantes e sabem como derrotar o vilão. Os guias aconselham o herói em sua jornada.

Posicione sua marca, a seu projeto e a você mesmo como guia, e as pessoas seguirão sua liderança.

Como você se posiciona como guia? Aqui estão as duas características de um guia competente:

1. **Empatia.** O guia entende o desafio do herói e se identifica com sua dor. Ele se preocupa com o herói.
2. **Autoridade.** O guia é capaz de ajudar o herói a resolver seu problema. Ele sabe o que está fazendo.

O mais importante na comunicação como profissional é dizer: *Sei contra o que você está lutando e posso ajudá-lo a sair dessa.*

Quando você está esclarecendo sua mensagem, a fim de criar material de marketing, fazer um discurso, um breve argumento de venda ou mesmo durante uma reunião, faça o papel de guia sendo empático com os problemas do seu público e tendo autoridade para resolvê-los.

> **Dica do Dia para Simplificar os Negócios Hoje**
>
> Ao esclarecer sua mensagem, posicione-se, a seus produtos e a sua marca como guia, não como herói.

DIA 29
Como Esclarecer a Mensagem — Fale sobre o Problema do Cliente

Ao esclarecer a mensagem de marketing, o problema é a isca.

Uma história não começa até que o personagem principal encontre um problema. Você pode nos dizer o nome do personagem, onde ele mora, com quem anda e o que ele quer, mas até que apareça um problema que o desafie, o público se perguntará quando a história começará.

Então, como essa verdade da história se traduz nos negócios? É assim: Até que você comece a falar sobre seu produto ou sua marca como a solução para o problema de alguém, ele não se interessará.

O problema é a isca. Até que o contador de histórias introduza o desafio que o personagem principal está enfrentando, o público fica se perguntando sobre o que é a história.

Pense nisso. Só quando entendemos que Jason Bourne não tem ideia de quem ele é que o filme fica interessante. E se Frodo Bolseiro pudesse ter destruído o anel simplesmente jogando-o no lixo da sua cozinha, não teríamos uma história. Toda história é sobre o herói superando o *conflito*. Por quê? Porque é no conflito que o público presta atenção.

O que isso significa para nossa mensagem de marketing? Que temos que continuar falando sobre os problemas dos nossos clientes, ou eles não se interessarão pelos nossos produtos.

Se criar alguns pontos de discussão sobre um produto, certifique-se de definir o problema exato que ele resolve. Que dor você está tirando? Que obstáculo está removendo? Qual vilão está derrotando? Faça a si mesmo essas perguntas, e a resposta revelará por que vale a pena comprar seu produto.

Quanto mais você fala sobre o problema que resolve, mais valor atribui ao seu produto ou serviço.

Infelizmente, ao esclarecer a mensagem, a maioria dos profissionais conta sua história. Eles falam sobre como seu avô começou a empresa e há quanto tempo estão no setor. Mas essas são palavras ao vento. A primeira coisa sobre a qual qualquer profissional deve falar é sobre o problema que ele ou seu produto resolve. Até que se fale sobre o problema, as pessoas se perguntam se devem ouvir.

Que problema você resolve? Qual problema a divisão da empresa em que você trabalha resolve? Qual problema seu produto resolve? Defina esse problema, e as pessoas finalmente começarão a ouvi-lo.

> **Dica do Dia para Simplificar os Negócios Hoje**
>
> Ao esclarecer a mensagem de marketing, defina o problema que você resolve.

DIA 30
Como Esclarecer a Mensagem — Crie uma Chamada à Ação Clara

Ao esclarecer a mensagem de marketing, defina qual ação você deseja que seu público execute.

Uma mensagem clara inspira a ação.

Uma mensagem clara não muda o mundo. A ação que as pessoas realizam depois de ouvi-la é que o faz.

O mundo que conhecemos não foi formado por pessoas sentadas olhando para o próprio umbigo; mas por pessoas que foram inspiradas a agir.

Durante a Segunda Guerra Mundial, os soldados das linhas de frente britânicas foram inspirados a lutarem apenas pelo discurso semanal do seu primeiro-ministro, Winston Churchill. Depois de ver amigos serem mortos e de ter a esperança reduzida, foram as mensagens semanais de Winston Churchill e seus apelos à ação que os mantiveram agindo.

Em uma boa história, o guia deve pedir com confiança ao herói para agir, ou o herói perderá a confiança e fracassará.

Por quê? Porque, quando o guia falha em pedir às pessoas que ajam com confiança, elas duvidam da competência dele. Você pode ou não tirar o herói dessa situação difícil?

Obi-Wan Kenobi não pode sugerir educadamente que Luke use *a força como uma opção*; ele deve definir uma orientação clara para Luke "usar a força".

O público sente se você acredita ou não em suas ideias e produtos. Se você tem uma solução ou não. Se está confiante ou não. Se pode ajudar na jornada deles ou não. Se você não puder, pedirá educadamente que comprem seu produto de uma forma que parecerá caridade (porque você está fazendo exatamente isso). Porém, se puder ajudá-lo, você lhe dirá para comprar seu produto ou usar seu serviço, porque não quer mais que ele lute com seus problemas.

Muitos profissionais não entendem o poder da competência e da confiança. Se você realmente tem uma solução para os problemas das pessoas e tem a confiança para convidá-las para essa solução, precisa impor essa confiança.

A verdade é que, se você contar às pessoas com confiança o que elas precisam fazer para resolver um problema, elas o farão, mas, se você timidamente sugerir o que podem fazer para resolver o problema, elas não o farão.

Anos atrás, eu estava ministrando um workshop de mensagens StoryBrand para cerca de duzentos líderes empresariais. Vivo em salas de aula. Honestamente, fui criado para ser professor e adoro encontrar maneiras de apresentar um ponto de vista sem usar um livro-texto ou um slide do PowerPoint. Eu disse ao público que tinha um ponto muito importante, só que o diria na calçada do lado de fora do prédio.

Pedi ao grupo que se levantasse e que me seguisse porta afora.

Todos os duzentos líderes empresariais se levantaram lentamente, um tanto confusos, e saíram pela porta, atravessaram o saguão e foram para o meio-fio da rua. Então me levantei em uma caixa, agarrei um megafone e disse a eles o ponto muito importante.

Eu disse para a multidão na calçada: "Lembre-se sempre disso. *As pessoas irão para onde você as mandar.*"

A classe riu e balançou a cabeça, e então voltamos lentamente para o prédio.

Esse era o ponto real que eu queria que minha classe entendesse: Se você não disser às pessoas o que fazer, elas não farão nada. Se você não terminar um discurso com uma frase clara de chamada à ação, elas não agirão. Se você não der às pessoas instruções passo a passo em seu site, elas não darão nenhum passo.

Ao criar os pontos de discussão que tornam sua mensagem clara, inclua uma forte frase de chamada à ação; do contrário, você nunca mudará o mundo.

> **Dica do Dia para Simplificar os Negócios Hoje**
>
> Ao esclarecer a mensagem, inclua uma frase forte de chamada à ação.

DIA 31

Como Esclarecer a Mensagem — Defina o que Está em Jogo e Crie Urgência

Ao esclarecer a mensagem, certifique-se de definir o que está em jogo.

Quando eu era criança, minha mãe levava minha irmã e eu ao dollar theater nas sextas-feiras à noite. Ela pagava um dólar por cada um de nós, e depois outro pela pipoca e uma Coca. Veja bem, éramos pobres, e ir ao cinema era muito importante.

Porém, juro para você que não trocaria crescer rico por essas experiências. Elas eram mágicas.

Foi naquele dollar theater que me apaixonei por histórias. Claro que assistíamos aos filmes com atraso em relação ao lançamento, quando as famílias ricas os viam, mas não importava. Os filmes eram incríveis. Elliot levaria E.T. de volta para casa? Luke destruiria a Estrela da Morte? Rocky derrotaria Apollo Creed?

Tive experiências fantásticas sentado naquele cinema, quando era criança. Essas experiências mais tarde me levariam a estudar histórias, a escrever livros e um roteiro próprio, e, muito mais tarde, a ajudar muitos líderes a redigirem mensagens importantes.

Então, o que tornava todas aquelas histórias tão boas? Bem, a mesma coisa que me fazia ficar de pé na cadeira jogando pipoca para o ar no final de *Karatê Kid* quando eu tinha 12 anos é a que o ajudará a convidar os clientes para uma grande história: as apostas. Daniel poderia realmente vencer o valentão e o torneio de caratê com uma perna machucada? Acontece que ele podia.

Você quer pessoas tão engajadas com você e com a sua marca quanto eu ficava com *Karatê Kid*? Quer se diferenciar como líder? Quer que seu produto seja importante no mercado aberto? Quer que sua marca se destaque em um segmento concorrido? Em caso afirmativo, defina o que está em jogo se o público escolher outra pessoa em vez de você.

Se você não definir o que está em jogo, desaparecerá da memória mais rápido do que um daqueles filmes alemães em preto e branco que preferem ser artísticos, em vez de interessantes.

O que está em jogo se comprarmos ou não o seu produto? O que pode ser ganho ou perdido se escolhermos outra marca, em vez de a sua?

Se não houver apostas, não haverá história.

Reserve um tempo para responder a estas perguntas:

1. Como será a vida das pessoas se elas se envolverem na história para a qual as estou convidando?
2. Como será a vida das pessoas se elas não se envolverem na história para a qual as estou convidando?

Defina o que está em jogo, e sua história ficará muito, muito interessante.

> **Dica do Dia para Simplificar os Negócios Hoje**
>
> Ao esclarecer a mensagem de marketing, defina o que pode ser ganho ou perdido se as pessoas não se envolverem na história para a qual você as está convidando.

Profissional Orientado para o Valor

* *Aumente seu valor econômico pessoal dominando cada uma das competências essenciais.*

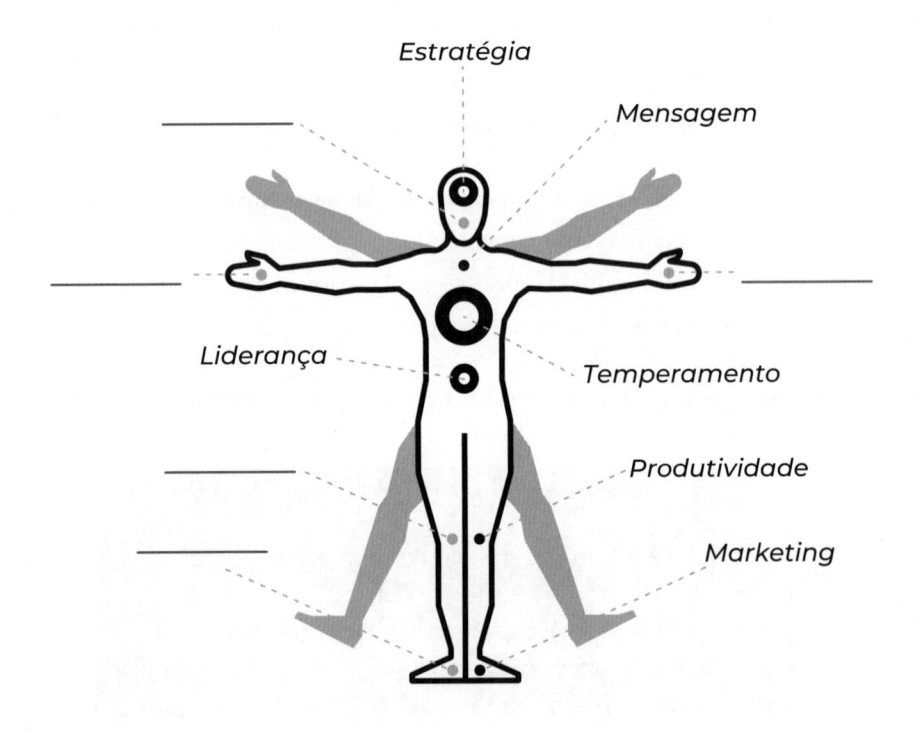

Estratégia

Mensagem

Liderança

Temperamento

Produtividade

Marketing

CAPÍTULO SEIS

SIMPLIFICANDO O MARKETING

Como Criar um Funil de Vendas que Converte Leads em Compradores

INTRODUÇÃO

Tendo estabelecido o temperamento de um profissional competente, aprendido a unir uma equipe em torno de uma visão, aumentado nossa produtividade, entendido como evitar que um negócio quebre e aprendido a esclarecer uma mensagem, é hora de se tornar especialista em marketing.

Nem todo profissional trabalha no departamento de marketing, mas todo profissional precisa saber o suficiente de marketing para divulgar suas ideias, produtos e iniciativas.

Marketing não é apenas enviar mensagens aos clientes, mas também entregar mensagens aos colegas de trabalho, aos stakeholders e até mesmo à imprensa e à mídia.

No Business Made Simple, ensinamos aos nossos alunos uma metodologia básica de marketing chamada de funil de vendas. Um funil de vendas é uma das estratégias de marketing mais simples, econômicas e eficazes que você pode implementar. Na verdade, considero um funil de vendas a base de qualquer bom plano de marketing.

Os funis de vendas podem ser usados para envolver os clientes ou para comunicação interna. Eles podem ser usados para comunicação B2C ou

B2B. Eles podem ser usados em empreendimentos com e sem fins lucrativos. Não importa. O funil de vendas funciona.

Em março de 2020, quando o coronavírus fechou a economia global, e a maioria das empresas de varejo fechou suas portas por meses, percebi que as empresas com um funil de vendas tinham muito mais probabilidade de sobreviver. Por causa das duas coisas que um funil de vendas faz:

1. Conquista confiança e familiaridade dos clientes.
2. Permite que você os contate e dinamize a mensagem.

Essas empresas que criaram funis de vendas conseguiram sobreviver porque, por meio deles, coletaram endereços de e-mail e informações de contato. Então conseguiram adaptar a mensagem e as ofertas à crise. As empresas que não tinham funis de vendas não conseguiram chegar aos clientes e foram esquecidas.

Se você está desenvolvendo um negócio, um funil de vendas deve ser a primeira coisa a ser criada em seu plano de marketing.

Nos próximos cinco dias, apresentarei a metodologia Marketing Made Simple e revelarei as cinco partes de um funil de vendas.

Embora a maior parte do treinamento de marketing seja filosófica, ele pretende ser pragmático. Queremos que você seja capaz de criar ou supervisionar a construção de ferramentas básicas de marketing que comprovadamente geram resultados.

Independentemente de você ser um profissional de marketing, entender o que é um funil de vendas e como ele funciona aumenta drasticamente seu valor no mercado aberto. Todos devem entender como dizer às pessoas o que elas devem fazer e por que isso é importante.

Não apenas isso, mas, quando terminar as leituras e os vídeos desta semana, você saberá mais sobre marketing do que 95% dos líderes de negócios. Isso o coloca em um grupo de profissionais de elite que são capazes de agregar um valor excepcional a qualquer organização.

DIA 32

Campanha de Marketing — Entenda o Funil de Vendas

Um grande profissional de marketing sabe criar um funil de vendas.

Todas as vendas são relacionais. As pessoas ouvem mensagens comerciais sobre produtos e serviços o tempo todo, mas geralmente as descartam. Isto é, a menos que ouçam sobre produtos e serviços de pessoas e marcas em que confiam.

Para entender como criar um plano de marketing que funcione, então, temos que entender como funcionam os relacionamentos.

Todos os relacionamentos passam por três estágios (veja a Figura 6.1).

FIGURA 6.1

Quando as pessoas nos conhecem, ficam curiosas para saber mais sobre nós ou não. O mesmo vale para marcas e produtos. As pessoas querem saber mais ou não. E, às vezes, as pessoas precisam ver sua marca algumas vezes antes que se disponham a se envolver com ela.

Mas o que faz alguém querer saber mais?

Curiosidade

As pessoas têm curiosidade sobre você ou sua marca se puderem associá-lo à própria sobrevivência.

Sei que parece primitivo, mas é a verdade. Os seres humanos são projetados para sobreviver e estão constantemente processando dados que encontram por meio de um filtro mental. Este produto pode me ajudar a sobreviver e prosperar? A relação com essa pessoa me ajudará a me sentir mais seguro ou me dará mais recursos para eu ter mais sucesso no mundo?

Digamos que estamos em uma festa e alguém desperta nossa curiosidade (ativa nosso radar de sobrevivência). Se formos jovens e solteiros, essa pessoa pode ser atraente, então nosso filtro de sobrevivência é acionado pela ideia de que podemos ter encontrado um parceiro. Ou digamos que somos mais velhos e essa pessoa foi a uma conferência a que estamos pensando em ir, então ela aciona nosso filtro de sobrevivência ao ter informações sobre se devemos ou não gastar nossos recursos para ir. Seja lá o que for que nos tenha deixado curiosos, garanto que foi algo de alguma forma relacionado à sobrevivência.

Para despertar a curiosidade de alguém, então, temos que associar nossos produtos ou serviços à sua sobrevivência.

A sobrevivência pode ser qualquer coisa, desde economizar ou ganhar dinheiro, conhecer novas pessoas, aprender receitas mais saudáveis, experimentar o descanso tão necessário, ganhar status e muito mais. Quase qualquer produto ou serviço pode ser associado à sobrevivência do cliente.

É despertando a curiosidade de alguém, associando a nós mesmos ou nossos produtos e serviços à sobrevivência, que ganhamos o direito de passar para a próxima fase das relações: o esclarecimento.

Esclarecimento

Depois de despertar a curiosidade dos clientes, é hora de esclarecer a eles se somos realmente capazes de ajudá-los a sobreviver.

Esclarecer para um cliente a forma como o seu produto pode ajudá-lo a sobreviver significa simplesmente lhe explicar isso. Como este produto funciona para me ajudar a sobreviver? Minha vida será muito melhor se eu usar este produto? O que outras pessoas disseram sobre este produto?

Depois que os clientes se interessam pelo nosso produto, porque os deixamos curiosos, podemos desacelerar um pouco a comunicação e esclarecer como o produto funciona.

Somente após uma pessoa receber o esclarecimento e ser convencida de que seu problema pode ser resolvido e sua sobrevivência será aprimorada é que se disporá a passar para o próximo estágio da relação: o compromisso.

Compromisso

O compromisso acontece em um relacionamento quando uma pessoa está disposta a arriscar em outra pessoa ou um produto que ela acredita que a ajudará a sobreviver.

Se estamos falando sobre um produto ou serviço, um compromisso significa simplesmente que o cliente está disposto a dar seu dinheiro em troca do item que acredita que o ajudará a sobreviver.

O compromisso acontece quando o cliente faz um pedido.

Infelizmente, a maioria dos esforços de marketing não segue a progressão natural dos relacionamentos e, portanto, fracassa.

Relacionamentos levam tempo. Se pedirmos um compromisso antes de despertar a curiosidade de alguém ou de esclarecer nosso produto, ele irá embora. Devemos lentamente, ao longo do tempo, despertar a curiosidade dos clientes, esclarecer o produto e, em seguida, pedir um compromisso.

O funil de vendas para simplificar o marketing, que lhe apresentarei nos próximos quatro dias, construirá uma relação com o seu cliente lenta e naturalmente, para ser mais fácil que ele confie em você e faça um pedido.

Veja as partes do funil de vendas Marketing Made Simple na Figura 6.2.

FRASE DE EFEITO

CAMPANHA
DE E-MAILS

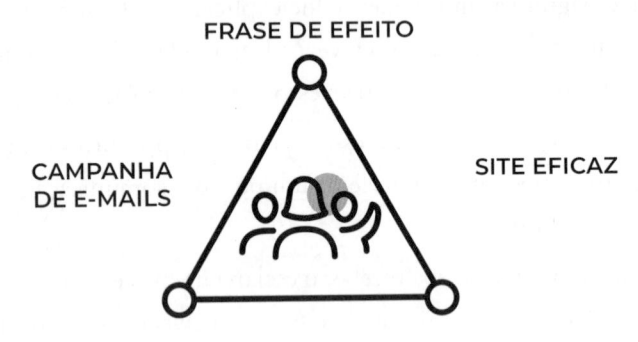

SITE EFICAZ

FIGURA 6.2

Depois de saber como criar um funil de vendas, você será capaz de executar um plano de marketing que ganha a confiança dos clientes, constrói relacionamentos fortes e expande sua marca.

Quer você queira construir um funil de vendas ou não, saber o que ele inclui e como funciona aumentará seu valor em qualquer organização, porque você saberá como deve ser o plano de marketing que promove seus produtos e ideias.

> **Dica do Dia para Simplificar os Negócios Hoje**
>
> Aprenda a criar um funil de vendas que funcione para construir relacionamentos sólidos com os clientes.

DIA 33

Campanha de Marketing — Escreva uma Frase de Efeito que Gere Vendas

O profissional de marketing sabe criar uma frase de efeito.

O primeiro passo para criar um relacionamento com um cliente é despertar sua curiosidade. Mas como fazer isso com uma frase simples?

Quando a maioria das pessoas é questionada sobre o que faz, diz o nome da empresa para a qual trabalha e o cargo que ocupa.

Essa informação não desperta a curiosidade de ninguém. Mas e se eles respondessem de maneira diferente? E se a maneira de responder à pergunta fizesse as pessoas pedirem cartões de visita ou agendar uma hora?

Como mencionei na introdução desta seção, o segredo para despertar a curiosidade de alguém é associar seu produto ou serviço à sobrevivência dela. E há uma fórmula infalível para isso.

Para criar uma frase que desperte a curiosidade do cliente, crie o que chamamos no Marketing Made Simple de frase de efeito.

A ideia vem do cinema. Sempre que um roteirista escreve um roteiro, ele precisa ser capaz de resumir a história para que os produtores queiram investir nele e, se o filme for feito, para que as pessoas queiram vê-lo.

Quando se trata de fazer as pessoas gastarem dinheiro com um filme, o resumo da história, em uma linha, pode gerar ou custar a um estúdio de cinema milhões de dólares.

Mas, e se uma empresa tivesse uma frase de efeito? E se uma empresa tivesse uma frase (ou uma declaração) que resumisse a história para a qual seus produtos convidam as pessoas e ela as fizesse querer saber mais e talvez até comprar aquele produto?

A frase de efeito do Marketing Made Simple é essa frase.

Sua frase de efeito tem três componentes:

1. O problema.
2. Seu produto como solução.
3. O resultado.

Se observar a estrutura da frase de efeito, verá que é a de uma história curta. Um personagem tem um problema e busca uma solução para ele.

O resultado é as pessoas se interessarem quando você explica o que faz.

Por exemplo, se você estivesse em uma festa e perguntasse a alguém o que ele faz, e ele dissesse que é "chef caseiro", você provavelmente teria perguntas sobre como ele começou, quais eram seus restaurantes favoritos ou se já cozinhou para alguém famoso.

Mas se você conhecesse outro chef, tão bom quanto, e que cobrasse o mesmo preço, mas quando você perguntasse o que ele faz, ele respondesse:

"Sabe que a maioria das famílias não comem juntas e que quando o fazem não é de forma saudável? Sou um chef caseiro. Cozinho na casa das pessoas para que elas possam comer bem e passar mais tempo juntas."

Esse chef caseiro não vai apenas conseguir mais negócios; ele conseguirá todos os negócios. Por quê? Porque ele despertou a curiosidade das pessoas, convidando-as para uma história na qual estão mais bem posicionadas para sobreviver e prosperar. O cliente agora está se perguntando:

Será que isso funcionaria para mim?

Quanto custa?

Você cozinha uma vez por semana ou todo dia?

O primeiro chef descreveu seu trabalho; o segundo o ressaltou com uma frase de efeito.

Quando as pessoas perguntam o que você faz, você tem uma frase ou declaração simples que desperte a curiosidade delas?

Após criar a sua frase de efeito, imprima-a no verso do seu cartão de visita. Use-a como sua assinatura de e-mail. Certifique-se de incluí-la no seu site. Memorize-a para que, quando as pessoas perguntarem o que você faz, você dê uma resposta clara que faça seu negócio se desenvolver.

Sua frase de efeito é a coisa mais próxima que você criará de uma frase mágica que faz com que as pessoas queiram fazer negócios com você.

> **Dica do Dia para Simplificar os Negócios Hoje**
>
> Como o primeiro elemento do seu plano de marketing, desperte a curiosidade do cliente com uma frase de efeito.

DIA 34

Campanha de Marketing — Estruture um Site Eficaz

Um grande profissional de marketing sabe criar um site eficaz.

O próximo elemento do funil de vendas é o seu site. Existem muitas seções possíveis para um site eficaz, mas há uma regra que você deve seguir se quiser que ele seja o mais eficaz possível: Seu site deve passar no teste de entendimento.

As pessoas não leem os sites, elas os escaneiam. Para que uma pessoa pare de fazer isso e comece a lê-lo — passar da curiosidade ao desejo de esclarecimento —, você deve despertar ainda mais a curiosidade dela, comunicando claramente a resposta a três perguntas críticas. Essas perguntas são tão primitivas que até mesmo um homem das cavernas extrairia as respostas do texto grande e em negrito em seu site.

Imagine entregar a um homem das cavernas um notebook aberto no seu site e dar a ele cinco segundos para navegar na sua landing page.

Em apenas cinco segundos, o homem das cavernas seria capaz de declarar claramente a resposta a estas três perguntas:

1. O que você oferece?
2. Como isso torna minha vida melhor?
3. Por que preciso comprar isso?

Se essas três perguntas não puderem ser respondidas em cinco segundos após a consulta a seu site, você está perdendo dinheiro.

Você instala piscinas para as famílias curtirem o verão? E, para eu adquirir uma, devo clicar no botão "Fazer Orçamento"? Se um homem das cavernas entender o que você oferece, como isso tornará sua vida melhor e o que ele precisa fazer para comprar depois de dar uma olhada no seu site por apenas cinco segundos, parabéns, você se comunicou com clareza.

A maioria das empresas compartilha muitas informações em seu site. A verdade é que as pessoas não precisam saber que sua avó fundou a empresa ou que você ganhou um prêmio da Câmara de Comércio há dez anos.

O que eles precisam saber é o que você oferece, como isso tornará suas vidas melhores e o que eles precisam fazer para comprá-lo.

A seção superior do seu site é mais importante, porque enquadra o resto da mensagem apresentada na página. Chamamos a essa seção de cabeçalho. Se o cabeçalho do seu site passar no teste de entendimento, você verá um aumento nas vendas.

> **Dica do Dia para Simplificar os Negócios Hoje**
>
> Como o segundo elemento do seu plano de marketing, aprenda a criar um site que passe no teste de entendimento.

DIA 35

Campanha de Marketing — Colete E-mails

Um grande profissional de marketing coleta endereços de e-mail oferecendo em troca, gratuitamente, algo de valor.

Depois de despertar a curiosidade dos clientes com a sua frase de efeito e com o seu site, você pode começar o esclarecimento usando um gerador de leads. Em seguida, você reforça esse processo por meio de e-mails até pedir um compromisso.

A maioria das pessoas é muito boa na parte do site, mas é aí que sua campanha de marketing termina.

Se você não coleta e-mails, provavelmente entendo o motivo. Você não quer incomodar ninguém com um discurso de vendas. Você não sabe o que fazer com os e-mails depois de obtê-los. Ou você não sabe como a tecnologia funciona.

Todos esses motivos são válidos, mas nenhum deles é forte o suficiente para justificar a não coleta e o não envio de e-mails. O marketing por e-mail é simplesmente muito barato e lucrativo para você o ignorar.

Se você não coleta e-mails, deveria.

Mas como coletar e-mails sem sermos agressivos ou desprezíveis?

O segredo é oferecer um valor tangível e gratuito em troca das informações de contato de um cliente em potencial.

Hoje em dia, em termos psicológicos, as pessoas avaliam o valor de seus e-mails em cerca de dez a vinte dólares. Isso significa que elas só estão dispostas a ceder seus e-mails por algo pelo qual pagariam de dez a vinte dólares. Isso significa que, para que alguém revele seu e-mail, precisamos oferecer algo que ele realmente queira ou de que precise.

Felizmente, você provavelmente é um especialista em algum assunto e sabe fornecer informações que outras pessoas achariam valiosas. Se você é dentista, deve conhecer cinco ou seis estratégias que ajudarão as crianças a amar escovar os dentes. Os pais adorariam ler isso. Se você tem uma loja de animais, aposto que sabe como fazer um cachorro parar de pular nas pessoas quando elas passam pela porta. Os donos de cães achariam essas informações valiosas.

Quando você oferece gratuitamente algo de valor na forma de um PDF ou de uma série de vídeos em troca de um e-mail, é menos provável que as pessoas desprezem seus e-mails depois de baixar o seu conteúdo. Além disso, se não gostarem, elas sempre podem cancelar a inscrição.

O segredo aqui, porém, é oferecer algo de grande valor.

E esse valor deve ser específico e deve resolver um problema que seus clientes em potencial enfrentam.

Você provavelmente já tentou coletar endereços de e-mail, iniciando um boletim informativo, mas ninguém quis se inscrever para recebê-lo. Por quê? Porque as pessoas não sabem qual problema específico seu boletim resolve. Por outro lado, um PDF intitulado "Como fazer seu cachorro parar de pular em cima das pessoas" oferece um valor claro.

O que quer que você ofereça, certifique-se de que o valor seja claro.

Aqui estão algumas regras para criar algo que as pessoas trocarão por um endereço de e-mail:

1. **Seja breve.** Você não precisa escrever um livro inteiro ou filmar um documentário completo.
2. **Seja atraente.** Crie uma estética que tenha tanto valor quanto o conteúdo. Formatações básicas não coletam muitos e-mails.
3. **Resolva um problema específico.** As pessoas darão seus e-mails em troca de algo que diminui a frustração ou sofrimento de suas vidas.

Para esclarecer e aumentar a chance de os clientes assumirem um compromisso, continue a construir o relacionamento e ganhe a confiança com um gerador de leads que os ajude a resolver um problema.

> **Dica do Dia para Simplificar os Negócios Hoje**
>
> Como terceiro elemento do seu plano de marketing, crie um gerador de leads que colete e-mails.

DIA 36

Campanha de Marketing — Campanha de E-mails

Um grande profissional de marketing constrói relacionamentos e fecha a venda com uma campanha de e-mail.

Anos atrás, quando comecei a namorar minha esposa, ela me deu os melhores conselhos de marketing que já recebi. Ela disse: "Don, você é um cara que gosta de tempo de *qualidade*, mas eu gosto de *quantidade*."

Ela não disse isso como um conselho de marketing. Era um conselho de namoro. Ela estava me dizendo como ganhar seu coração.

Ela não queria ir rápido demais. Ela queria tempo.

Especificamente, ela sabia que eu era o tipo de cara que sabia o que queria e que tinha uma forte tendência à ação. Mas isso não funcionaria com ela. O que ela queria era que eu ficasse tempo suficiente com ela em uma variedade de situações, para que qualquer esquisitice aparecesse, e ela soubesse onde estava pisando.

Mulher inteligente.

Nem é preciso dizer que diminuí a velocidade. Mudei-me para a cidade dela, aluguei uma casa no bairro dela e passei meses em sua sala tomando chá com ela e suas amigas, meu dedo mindinho apontado para o céu. Foi um sacrifício, mas consegui a garota.

Anos mais tarde, ao analisar alguns dados e perceber que nossos clientes não compravam na primeira vez em que acessavam o site, ou mesmo depois de ler o gerador de leads que baixavam, mas somente após meses recebendo dezenas de e-mails valiosos com conteúdo valioso, tive uma epifania significativa: os clientes *querem quantidade*. Eles precisam ouvir a mesma coisa de nós reiteradamente antes de confiarem em nós. Eles são como Betsy.

Criar uma campanha de e-mails lhe dá a chance de passar *mais* tempo com seus clientes. Lentamente, ao longo de um período de semanas, meses e talvez até anos, seus clientes se acostumam a ouvi-lo, a receber valor de graça, e começam a confiar em você. A confiança leva ao compromisso.

Depois de baixar ou assistir a seu gerador de leads, os clientes devem continuar a receber um valor incrível por terem fornecido seus e-mails. Você deve continuar a resolver seus problemas, encorajá-los, inspirá-los e informá-los.

E, claro, você precisa pedir a eles que comprem de você. Informe-os sobre produtos que os ajudarão a resolver seus problemas. Use todos os P.S. repetidos sobre essa oferta e talvez até mesmo ofereça um bônus.

Pedir um compromisso a um cliente é um grande negócio. Ele pode facilmente perder seu dinheiro ou até mesmo se sentir um idiota por ter tomado a decisão errada. Não devemos esperar que nossos clientes tomem essas decisões sem termos primeiro conquistado a sua confiança.

Depois de oferecer um gerador de leads, crie o máximo de e-mails valiosos que puder e mantenha contato com seus clientes. Ofereça receitas, guias de estudo, dicas de bricolagem, perspectivas sobre ideias, o que você achar que vai atender às preocupações e aos interesses dos clientes

Quando você mantém contato com seus clientes enviando e-mails valiosos, eles confiam em você. E, quando confiam em você, eles se comprometem e fazem pedidos.

> **Dica do Dia para Simplificar os Negócios Hoje**
>
> Como quarto elemento do seu plano de marketing, comece uma campanha de e-mails que ganhe a confiança dos clientes e solicite que se comprometam.

Profissional Orientado para o Valor

* *Aumente seu valor econômico pessoal dominando cada uma das competências essenciais.*

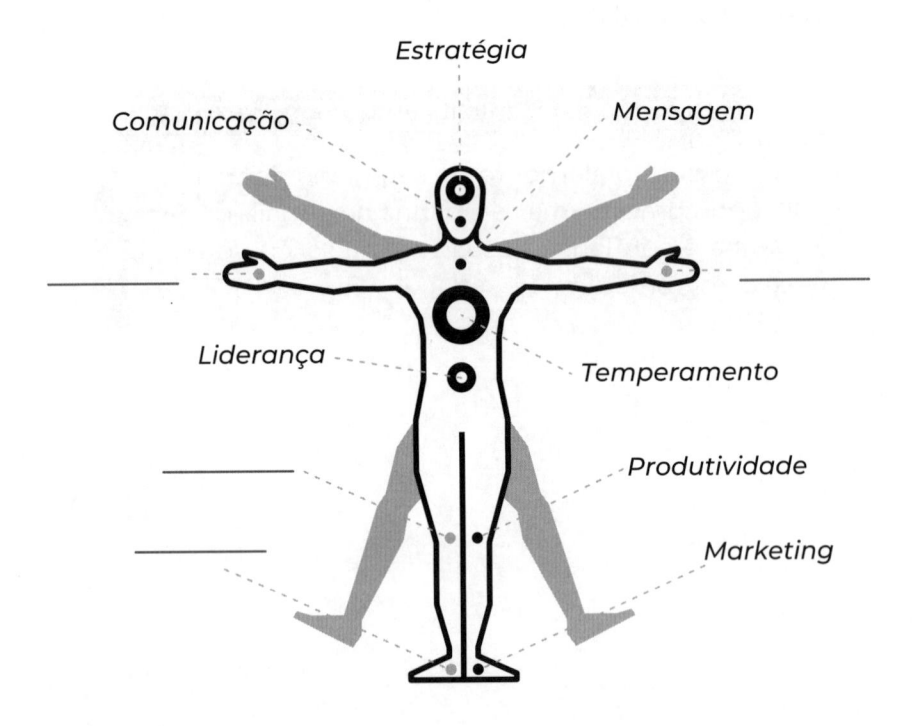

Estratégia

Comunicação

Mensagem

Liderança

Temperamento

Produtividade

Marketing

CAPÍTULO SETE

SIMPLIFICANDO A COMUNICAÇÃO

Como Se Tornar um Comunicador Excepcional

INTRODUÇÃO

Tendo estabelecido o temperamento de um profissional competente, aprendido a unir uma equipe em torno de uma missão, a se tornar mais produtivo e como um negócio realmente funciona, esclarecido a mensagem e entendido como construir um funil de vendas, nós nos tornaremos excelentes comunicadores. Vamos aprender a fazer uma ótima apresentação.

Liderando uma reunião, lançando uma iniciativa, fazendo um discurso de abertura ou até mesmo criando um webinar, qualquer profissional que consiga manter a atenção de uma sala enquanto fala terá mais responsabilidades e maior remuneração. O bom comunicador é escolhido para liderar.

Infelizmente, assistir à maioria das apresentações corporativas é uma tortura. Passar slide após slide de marcadores baseados em dados é uma ótima maneira de matar a motivação de qualquer projeto importante.

Volta e meia, porém, você tem o privilégio de assistir a uma apresentação que informa e inspira. E você não sabe definir o porquê. Você simplesmente assume que a pessoa que fez a apresentação é um grande comunicador. Na verdade, é assim que ela é descrita dentro da organização.

Mas o que essa pessoa faz de tão diferente? E, seja lá o que for, pode ser ensinado e aprendido? A resposta é sim. E os detalhes sobre o que ela faz o surpreenderão. Acontece que ela faz algumas pequenas coisas que prendem o público desde o início e o mantém interessado até o fim.

Então, o que um grande comunicador faz, e outros comunicadores não?

Isso é importante, porque, para recebermos cada vez mais responsabilidades, temos que fazer apresentações que cativem a atenção das pessoas. Mesmo que estejamos apresentando somente um breve resumo no início de uma reunião, nossa habilidade de comunicar deve ser perfeita.

Para isso, precisamos entender as cinco perguntas que todo público deseja secretamente que o apresentador responda. Se você não responder a elas, o público se desligará. Se responder, e de forma criativa e memorável, o público gostará da sua apresentação.

Essas perguntas lhe serão familiares porque são as mesmas que as pessoas fazem a respeito das histórias desde que Aristóteles escreveu *Poética*.

No entanto, quando aplicamos os elementos de uma boa história a uma apresentação, obtemos o mesmo resultado que os escritores de filmes de sucesso obtêm: um público envolvido e inspirado.

As cinco perguntas são:

1. Qual problema você ajudará o público a resolver?
2. Qual é a sua solução para ele?
3. Como será a vida do público se aceitar a sua solução?
4. O que você deseja que o público faça a seguir?
5. Do que você quer que o público se lembre?

Muitos treinadores de comunicação lhe dirão para começar com uma piada, sendo vulnerável ou respirando profundamente antes de começar a falar. Todos esses conselhos são bons, mas nada disso é necessário para fazer uma boa apresentação. O que é necessário para qualquer apresentação, seja você engraçado, inteligente, vulnerável ou espirituoso, é responder a essas cinco perguntas para o público. Se o fizer, você vencerá.

Pelos próximos quatro dias, eu o apresentarei à estrutura para simplificar a comunicação e o ensinarei a responder a essas cinco perguntas para que qualquer público diante de você fique impressionado com a sua capacidade de se comunicar.

DIA 37

Um Grande Comunicador — Faça uma Apresentação Fenomenal

Abra sua palestra dizendo ao público qual problema você o ajudará a resolver.

Isso acontece com todos nós. Nós nos colocamos na frente de um grupo e no ato esquecemos como começar nossa apresentação. Ensaiamos um milhão de vezes, mas não pensamos que todos aqueles olhos fixos em nós nos fariam sentir, bem, inseguros. E assim cometemos o erro crítico de todo apresentador amador: atrapalharmo-nos em nossa apresentação.

Em vez de abrir com uma frase de efeito, fazemos um comentário sobre o tempo, sobre o café ou sobre como é louco ter um cara na sala que você não vê desde a faculdade e que vocês sentavam perto um do outro na aula de Psicologia I: *Lembra-se do Sr. Teamore? Ah, nossa, ele era um professor hilário!*

E o público para de prestar atenção, porque não se importa se você fez faculdade com alguém da plateia e se convence de que nem teria achado o Sr. Teamore tão engraçado.

O público não ficará interessado em sua apresentação até que saiba que você fará uma coisa: ajudá-lo a resolver um problema.

Até que você indique o problema que ajudará o público a resolver, ele se perguntará:

1. Essa apresentação é sobre o quê?
2. Por que eu estou aqui?
3. Esse palestrante sabe o que está fazendo?

Todos os bons filmes começam com um problema. E eles começam com um problema por um motivo. O problema é o gancho da história. O E.T. voltará para casa? Não tenho certeza, vou assistir ao filme para descobrir.

Até que você indique o problema, seu público se pergunta por que deveria prestar atenção. Comece sua apresentação com um problema.

Você nos ajudará a interromper a queda anual na receita do quarto trimestre? Em seguida, inicie a palestra dizendo: "Nos últimos cinco anos, vimos uma queda na receita no quarto trimestre, e isso fez com que a maioria de nós acreditasse que ela é inevitável. Eu não acredito nisso. Acho que há três coisas que podemos fazer para ver um aumento real na receita durante o quarto trimestre."

Uma declaração como essa prenderá a atenção da sala e a manterá engajada durante toda a apresentação.

A maioria dos apresentadores não acredita em mim quando falo sobre o poder de começar com um problema. Eles seguem meu conselho, mas apenas parcialmente. Eles se certificam de chegar ao problema nos primeiros dez minutos, ou mais, mas, em vez de começarem com ele, abrem com uma introdução. Eles dizem quem são e de onde vieram.

Pare.

Em vez de começar com uma introdução, abra com o problema. Falo o tempo todo e nunca me apresento quando começo a falar. Eu me apresento no meio da palestra ou mesmo no final. Ou, melhor ainda, peço ao locutor que me apresente. Por quê? Por um simples motivo: Por que devo presumir que alguém se importa com quem sou até saber que posso resolver um problema importante?

Quando você abre sua apresentação falando sobre um problema, você prende o público. Quando você não começa com um problema, o público se senta e se pergunta por que deveria ouvi-lo.

> **Dica do Dia para Simplificar os Negócios Hoje**
>
> Um grande comunicador começa falando sobre o problema que sua apresentação ajudará o público a resolver.

DIA 38
Um Grande Comunicador — Crie Tópicos em Sua Apresentação

Um grande comunicador garante que todos os tópicos se encaixem no enredo geral da sua palestra.

Depois de iniciar sua palestra declarando o problema que você ajudará o público a resolver, ele continuará a ouvi-lo se você fizer duas coisas:

1. Revelar um plano simples para ajudá-lo a resolver o problema.
2. Posicionar cada etapa do plano como um subenredo na narrativa geral.

As histórias prendem a atenção do público usando o mecanismo de enredos e subenredos, então, se deseja manter a atenção do público enquanto fala, sua apresentação deve ter enredos e subenredos também.

Quando você abre a história definindo claramente o problema, você define o enredo da sua apresentação. O enredo é a ideia norteadora. Depois de definir o problema que você ajudará o público a resolver, tudo o mais na apresentação precisa se conectar a esse enredo.

Isso não significa que você não possa encaixar um monte de outras ideias na palestra. Só significa que você tem que encontrar uma maneira de encaixar todas elas, como subenredos, no enredo.

Anos atrás, pediram-me que escrevesse o primeiro rascunho do discurso do "Estado do Estado" para um governador em exercício. O início da palestra foi fácil, é claro. Simplesmente fiz o governador declarar o problema que pretendia resolver. O meio, no entanto, foi complicado. Era um longo discurso e tinha que abranger diversos aspectos do governo estadual, inclusive as diretrizes orçamentárias. Não é material para histórias de Hollywood.

O discurso precisava ser interessante e cheio de frases de efeito para que a imprensa cobrisse histórias sobre os planos do governador.

Então, como manter o público interessado?

O problema que escolhemos focar foi que havia muita discórdia entre os dois principais partidos políticos. Escrevemos sobre como seria muito melhor se estivéssemos juntos e quanta dor os cidadãos sentiam por isso não existir.

Essa, então, tornou-se a ideia norteadora do discurso. Tudo se resumia à necessidade de resolver o problema da discórdia e da cisão decorrente.

Desse ponto em diante, o discurso poderia ir a qualquer lugar que quiséssemos, até mesmo às minúcias de gastos orçamentários e excedentes. Eu não estava preocupado. Contanto que a ideia norteadora fosse que, se nos uníssemos para ajudar os cidadãos, coisas boas aconteceriam, e, se não, as pessoas sofreriam, poderíamos abordar qualquer tópico, e a história ainda faria sentido.

Depois de escolher o problema, também chamado de "enredo" da apresentação, precisávamos entrar no plano, e o plano precisava ter cerca de três (e não mais do que quatro) tópicos.

Se você pretende cobrir mais de quatro tópicos até o seu ponto principal, sua apresentação se arrastará. Na verdade, não recomendo mais do que três.

Então, o que é um tópico?

Essencialmente, um tópico funciona como um subenredo em uma história.

Pense no subenredo assim: Toda história a que você assiste na televisão ou no cinema é composta de enredos e de subenredos.

Por exemplo, uma história sobre um agente secreto que precisa sair de um país estrangeiro pode ser o enredo principal do filme, mas ir de seu quarto de hotel para o táxi esperando na frente sem ser visto pelos espiões no saguão do hotel é um subenredo. E, então, quando esse subenredo se encerra, o de correr pelas ruas em um carro esporte sendo perseguido por bandidos em motocicletas se abre.

O enredo da história abre um ciclo gigante ao fazer uma pergunta que é interessante o suficiente para nos fazer prestar atenção por duas horas. Os subenredos da história, então, são perguntas menores que são feitas e respondidas durante as mesmas duas horas, que mantém o interesse do público ao levar a ação adiante.

Veja como uma estrutura narrativa simples fica:

ENREDO:	O herói tem que encontrar e prender um terrorista.
SUBENREDO 1:	O herói precisa encontrar a bomba dentro do prédio.
SUBENREDO 2:	O herói encontra um enigma próximo à bomba, que deve ser resolvido.
SUBENREDO 3:	O herói percebe que o enigma é pessoal. O terrorista o conhece.
SUBENREDO 4:	O herói resolve o enigma e percebe que o terrorista é seu irmão.
SUBENREDO 5:	O herói precisa encontrar o irmão, que não via há vinte anos.

Uma apresentação funciona exatamente como um filme de Hollywood. Tudo se resume a enredos e subenredos.

ENREDO	Democratas e republicanos devem se unir para o benefício do povo.
SUBENREDO 1:	Devemos nos unir para criar igualdade na educação.
SUBENREDO 2:	Devemos nos unir para resolver o alto custo da saúde.
SUBENREDO 3:	Devemos nos unir para criar igualdade tributária.

Abrindo e fechando subenredos em um enredo abrangente, nossa apresentação será costurada com o fio de uma história única e coesa.

Se você já ficou entediado durante uma apresentação, é provável que os marcadores nela não tenham sido enquadrados como subenredos no enredo geral.

Em um roteiro, cada cena deve levar o herói para perto ou para longe da resolução de um problema específico. Se uma cena não for enquadrada no contexto do enredo geral, ela deve desaparecer, porque o público ficaria confuso e perderia o interesse pela história.

Em uma boa apresentação, você terá um único enredo com três ou quatro subenredos, sempre levando a história adiante para uma resolução final. Essa é a maneira de manter as pessoas prestando atenção durante toda a sua apresentação.

> **Dica do Dia para Simplificar os Negócios Hoje**
>
> Divida sua apresentação em enredos e subenredos e defina a ideia norteadora antes mesmo de começar.

DIA 39

Um Grande Comunicador — Preveja o Cenário

Um grande comunicador diz ao público como suas vidas seriam ao prenunciar o cenário futuro.

Uma boa história sempre vai para algum lugar, e geralmente esse lugar foi prenunciado no início dela, para que o público saiba exatamente o que ele quer que aconteça.

No filme *Rudy*, todos queremos que Rudy jogue o futebol da Notre Dame. Em *Romeu e Julieta*, todos queremos que eles se casem. Em *O Discurso do Rei*, todos queremos que o Rei George faça um discurso sem gaguejar.

Toda boa história antecipa o cenário futuro porque é nele, na cena de clímax, que toda a tensão é resolvida, e o público experimenta a catarse da resolução.

Um grande comunicador, então, sempre prenunciará o cenário futuro que seu público experimentará se agir da forma que o apresentador está orientando.

John F. Kennedy pintou o cenário de um astronauta norte-americano caminhando na Lua, e os EUA tiveram que votar nele para ver isso acontecer. "Escolhemos ir à Lua nesta década..." Winston Churchill pintou um cenário que só poderia acontecer se a Grã-Bretanha lutasse bravamente contra Hitler: "Se pudermos resistir a ele, toda a Europa poderá ser livre e a vida no planeta poderá seguir adiante para horizontes abertos e ensolarados."

Todo o planeta seguindo *adiante para horizontes abertos e ensolarados*, então, era o cenário prenunciado.

Como será a vida se as pessoas realmente fizerem o que a sua apresentação lhes pede que façam? Você pintou um quadro para que o público possa imaginar uma vida melhor? Do contrário, você não prenunciou uma cena de clímax em sua palestra, e seu público não tem a visão de um futuro melhor se seguir o seu conselho.

Certifique-se de tornar o seu cenário visual. Quanto mais difícil for a visualização, menos força ele terá para envolver o público.

Quando você prenuncia um cenário futuro na sua apresentação, inspira o público a seguir em direção a ele. A ideia é fazer com que o público queira dar vida à cena.

> **Dica do Dia para Simplificar os Negócios Hoje**
>
> Preveja um cenário futuro na sua apresentação e você inspirará seu público.

DIA 40
Um Grande Comunicador — Desafie o Público a Agir

Um grande comunicador sabe incluir um forte apelo à ação em sua apresentação.

Em uma boa apresentação, o público será inspirado a agir. Ele desejará "fazer algo" para contribuir com um astronauta caminhando na Lua ou com as pessoas seguindo livremente em direção aos horizontes ensolarados.

Mas o quê? O que é que eles podem fazer? Votar? Lutar? Alguém me diga!

Um grande comunicador incluirá um forte apelo à ação em sua apresentação para que o público possa contribuir conscientemente para o esforço significativo que ele recomenda.

O principal motivo para incluir uma chamada à ação é porque, em geral, as pessoas não agem, a menos que sejam desafiadas a fazê-lo.

Nas histórias, os heróis devem ser forçados a agir por algum tipo de incidente motivador. Seu cachorro foi sequestrado ou seu marido foi transformado em lobisomem!

O forte apelo à ação da sua apresentação atuará como esse incidente motivador. Desafiará o público a fazer algo, e a fazer algo específico.

Outro motivo para incluir uma forte chamada à ação é porque somente quando as pessoas agem é que elas realmente acreditam em uma ideia.

Chame de apelativo, se quiser, mas a ideia é que, quando você pede a um público que se sacrifique em nome de uma ideia ou plano, ele começa a olhar essa ideia ou plano como uma questão pessoal.

Tenha cuidado para que a sua chamada à ação não seja evasiva. Ela precisa ser clara.

Se você estivesse procurando um posto de gasolina e pedisse direções a um estranho, ele dizer: *Sim, há um posto de gasolina próximo*, não seria útil. Instruções claras, como: *Há um posto de gasolina três quarteirões acima à direita*, dariam conta do recado.

Pedir a uma plateia que fique *mais atenta* ou que *se importe com os outros* não é uma chamada à ação específica o suficiente para ser posta em prática. Em vez disso, você deve pedir que eles façam algo como ligar para seu representante no Congresso e, em seguida, coloque o número na tela atrás de você.

Se você estiver fazendo uma apresentação de vendas, a chamada à ação deve ser fazer um pedido ou agendar uma hora. Se estiver fazendo uma apresentação interna de negócios, a chamada à ação pode ser lançar uma equipe de pesquisa ou vender uma divisão. Independentemente disso, a chamada à ação deve ser clara.

Em nosso escritório, repetimos uma frase ao criar conteúdo: Não faça o leitor fazer um monte de cálculos.

O que queremos dizer é: Não faça as pessoas terem que descobrir o que você quer que elas façam. Apenas diga a elas. E claramente.

> **Dica do Dia para Simplificar os Negócios Hoje**
>
> Inclua uma forte chamada à ação na apresentação para que os ouvintes compartilhem a ideia com você.

DIA 41

Um Grande Comunicador — Determine o Tema de Sua Apresentação

Um grande comunicador afirma o tema da palestra no final da apresentação.

Anos atrás, contratei um treinador para me ajudar a aprimorar uma palestra que estava ministrando. Ele foi ao meu escritório e passamos a maior parte de dois dias assistindo ao vídeo de um discurso que fiz mais de cem vezes. Indo para a reunião, achei meu discurso muito bom. Eu até recebia ovações de pé. Para minha surpresa, porém, o treinador deu muitos conselhos. Acontece que eu estava fazendo um discurso medíocre.

Aprendi muitas coisas, muitas das quais ensino no curso Communication Made Simple, da BMSU. Mas o melhor conselho que ele me deu foi ter a máxima segurança sobre a última coisa que eu dissesse antes de sair do palco.

"As pessoas se lembram da última coisa que você diz mais do que de qualquer outra", disse ele. "É como tocar um sino. Ele simplesmente continua reverberando na cabeça por uma hora, ou até mais."

Esse foi um conselho útil para mim. A verdade é que há muito tempo eu vinha deixando as últimas palavras da minha apresentação ao acaso. Eu sempre agradecia ao público e ao anfitrião, ou terminava o segmento de perguntas e respostas respondendo à última pergunta, dizendo "boa noite" e saindo do palco.

Depois de aprender com meu treinador, comecei a ensaiar uma máxima para cada discurso. Eu queria ter certeza de que o pensamento que ressoaria na cabeça do público como um sino pela próxima hora ou mais fosse exatamente o que eu queria.

Isso, é claro, levanta a questão: Qual deve ser essa máxima? O que você deve dizer?

A máxima mais poderosa da sua apresentação deve ser o tema da sua palestra.

A ideia de um tema também vem de fórmulas de histórias antigas. Muitos escritores acreditam que todas as histórias derivam de um tema. Um tema é uma maneira de dizer *sobre o que trata a história*, ou *sua moral*.

Em *Romeu e Julieta*, por exemplo, o tema é *o amor pelo qual vale a pena morrer*. Para *Jogos Vorazes*, é que *vale a pena lutar pela liberdade e dignidade da humanidade*.

Como uma boa história, sua apresentação também deve ter um tema. Para descobri-lo, pergunte-se por que essa apresentação é importante. É importante para que todo o trabalho do quarto trimestre não seja desperdiçado? O tema é nenhum cliente pagar a mais pelo cuidado do gramado?

No discurso do governador de que falei, o tema era que *os cidadãos não devem sofrer por legisladores republicanos e democratas não se darem bem*.

Declarar o tema no final da apresentação garante que você disse ao público sobre o que foi a sua palestra. Sem declará-lo, você deixa o público fazer as contas para descobrir por si mesmo. Provavelmente, a menos que você indique o tema, eles não serão capazes de descobrir a ideia principal da palestra. E isso significa que você não será lembrado como um grande apresentador.

Como você determina qual é o tema da sua palestra? Simples. Basta preencher o espaço em branco desta frase: *O ponto principal da minha apresentação é* _____.

Repita esse ponto várias vezes em sua apresentação e, é claro, encerre a palestra tornando-o a última coisa a dizer, e seu público sairá sabendo o que você quis comunicar. Infelizmente, em geral, a maior parte do público não tem ideia do que o apresentador quis dizer. Eles riram de algumas piadas e suspiraram com algumas histórias emocionantes. E então se esqueceram de tudo.

Quando você descobrir o tema da sua apresentação, transforme-o em sua máxima final. Você quer que seu tema seja a ideia com que seu público irá embora, lembrando-se dela para sempre.

Na verdade, repito o tema várias vezes ao longo das minhas palestras, tendo o cuidado, é claro, de declará-lo claramente novamente no final dela.

> **Dica do Dia para Simplificar os Negócios Hoje**
>
> Termine a apresentação declarando o tema, para que seu público saiba por que ela é importante.

Profissional Orientado para o Valor

* *Aumente seu valor econômico pessoal dominando cada uma das competências essenciais.*

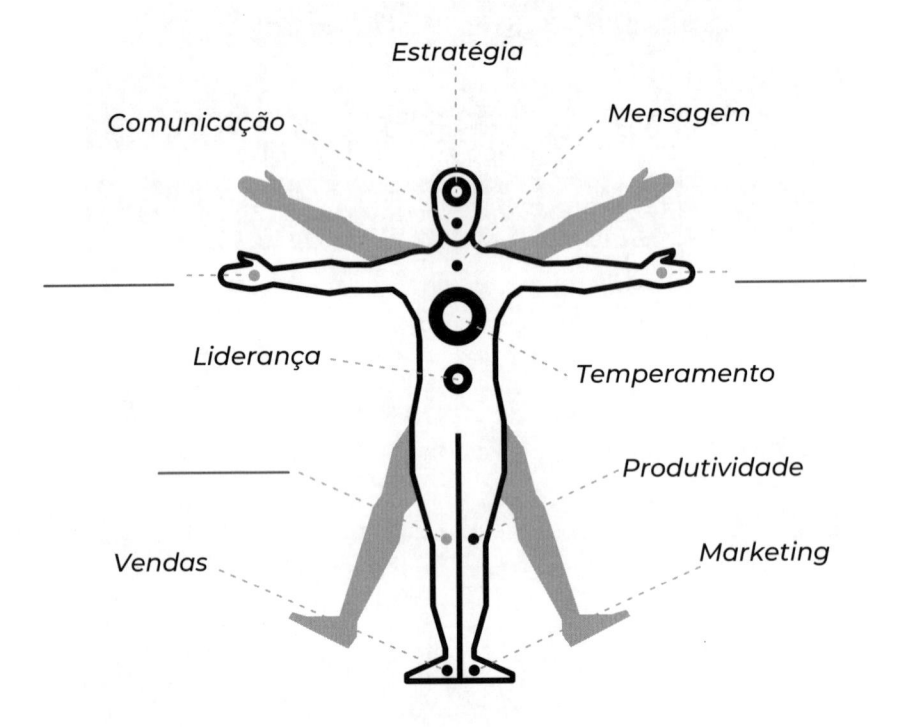

- Estratégia
- Comunicação
- Mensagem
- Liderança
- Temperamento
- Produtividade
- Vendas
- Marketing

CAPÍTULO OITO

SIMPLIFICANDO AS VENDAS

INTRODUÇÃO

Tendo estabelecido o temperamento de um profissional competente, aprendido a unir uma equipe em torno de uma missão, a se tornar mais produtivo e a esclarecer a mensagem, entendido o que entra em um funil de vendas e como se tornar um comunicador excepcional, vamos falar sobre como configurar um sistema de vendas.

Independentemente de você comandar a empresa ou cortar a grama, todo profissional aumenta drasticamente seu valor para uma organização se souber vender.

Vender é, na verdade, explicar claramente a uma pessoa como seu produto ou serviço pode resolver o problema dela e, em seguida, orientá-la por um processo que a leva a fazer a compra.

A maioria das pessoas pensa que vender é "convencer alguém a comprar algo que ele não quer", mas convencer alguém a comprar algo significa que você provavelmente venderá um produto a essa pessoa uma única vez e nunca mais lhe venderá nada.

Os seres humanos se ressentem de serem coagidos a comprar coisas. Eles podem concordar, mas a conformidade é muitas vezes uma forma de resistência, porque é a maneira mais rápida de se livrar do vendedor. Muitas pessoas já saíram do estacionamento em um carro novo sabendo que nunca mais comprariam daquele vendedor.

Um bom vendedor, por outro lado, trabalha dentro de uma estrutura que convida o cliente a uma história na qual ele resolve um problema e se sente bem consigo mesmo no processo.

Um bom vendedor faz do cliente o herói e o ajuda a vencer.

Nos próximos cinco dias, darei a você uma visão geral da estrutura para simplificar as vendas, e isso aumentará drasticamente o número de leads que você converte para compradores, bem como o respeito e a apreciação dos clientes por você.

Depois de aprender a estrutura, você saberá em qual fase do processo de vendas está com cada cliente e será capaz de oferecer a ajuda personalizada de que precisam. Você também terá um processo de vendas escalável. Em breve, você ficará entusiasmado com o envolvimento de novos leads, pois saberá que uma porcentagem significativa deles se transformará em clientes pagantes.

Tornar o cliente o herói da história é o segredo para ajudar mais pessoas e para fechar mais vendas.

DIA 42

Como Vender — Qualifique o Lead

Escolha os personagens certos: Qualifique o lead.

Anos atrás, fui coautor de um filme, e o diretor me convidou para ajudar na escolha do elenco. Sentamo-nos e assistimos a horas de audições em vídeo em que os atores liam falas e representavam cenas do roteiro.

Antes dessa experiência, eu pensava que o diretor simplesmente escolhia os melhores atores e seguia em frente, mas não é assim que funciona. A verdade é que o diretor escolhe o ator certo para cada papel, não necessariamente o melhor ator. Alguns atores podem ser mais talentosos, mas são muito altos, velhos ou dramáticos demais, ou o que for. Na verdade, o que um diretor procura é o ator que se encaixa perfeitamente no papel.

O mesmo acontece com as vendas. Ao vender, você está convidando um personagem para uma história em que o problema dele é resolvido e ele é transformado em uma versão melhor e mais completa de si mesmo. Isso significa, no entanto, que nem todos são adequados para o papel.

Em vendas, chamamos isso de qualificação de lead. O cliente tem o problema que o produto resolve? O cliente pode comprar a solução? O cliente tem autoridade para comprar o produto?

É importante para um vendedor ter uma lista de qualificadores que o ajudem a determinar quais personagens escalar para a história, porque, se você escalar os personagens errados, a história não funcionará.

Na minha empresa, temos um membro da equipe cujo único trabalho, em tempo integral, é qualificar leads. Por quê? Porque passar por um processo de vendas com um lead não qualificado desperdiça o tempo do cliente e da equipe de vendas, e custa a você e à empresa.

Vender é gerenciar energia e esforço. Cada minuto gasto conversando com um lead não qualificado seria mais bem gasto dormindo. Afinal, estudos provaram que dormir é importante para melhorar o desempenho, enquanto ser rejeitado por leads não qualificados é uma loucura.

Então, o que torna um lead qualificado? Conforme mencionado, um lead qualificado atende aos três critérios a seguir:

1. Tem um problema que seu produto resolverá.
2. Pode pagar pelo seu produto.
3. Tem autoridade para comprar o seu produto.

Se o seu lead não está lutando com o problema que você resolve, passe para outro lead. No entanto, para determinar isso, você terá que entender qual problema seu produto resolve e desenvolver uma série de perguntas para avaliar se o seu lead tem ou não o problema. O plano de seguro dele está para ser renovado? Ele está enfrentando dificuldades de contratação e não tem um membro da equipe dedicado ao RH? Ele não está em conformidade com alguma regulamentação governamental?

Desenvolva uma série de perguntas que determinarão se um cliente precisa ou não do seu produto, ou você desperdiçará uma energia valiosa.

Em seguida, descubra se o cliente em potencial pode pagar pelo seu produto. Perguntas como: "Quanto você investe em marketing?" ou "Quanto você paga atualmente pela impressão?" são perfeitamente razoáveis para descobrir se as restrições orçamentárias dos seus clientes em potencial lhes permitirão comprar o seu produto.

Se o seu cliente não tiver dinheiro para comprá-lo, vá educadamente para um lead mais qualificado.

Por último, muitos leads precisam do seu produto e podem até pagar por ele, mas não têm autoridade para comprá-lo. Se for esse o caso, você precisa desenvolver um relacionamento com o indivíduo que realmente tem autoridade.

Pergunte ao seu lead se ele tem autoridade para tomar a decisão. Se não, peça-lhe que o apresente a quem o faz. Dependendo do valor do seu produto, até mesmo pedir ao cliente em potencial não qualificado para almoçar e levar o qualificado junto pode ser uma jogada bem-sucedida.

O segredo, antes mesmo de iniciar o processo de vendas, é ter certeza de que está falando com a pessoa certa. A pessoa certa tem um problema que seu produto resolve, pode comprá-lo e tem autoridade para fazê-lo.

Todo vendedor deve manter uma longa lista de leads qualificados. Cada um deles é um candidato a ser escalado na história para a qual você o convida. Considere essa lista de leads qualificados como o possível elenco. Claro, você não o convidou para a história, mas fez um ótimo trabalho eliminando todos os candidatos que não se encaixam no papel. Essa fase por si só economizará centenas, senão milhares, de horas em seu esforço para resolver os problemas dos seus clientes e mudar as suas vidas.

A seguir, apresentaremos o lead à história que você deseja que ele viva.

> **Dica do Dia para Simplificar os Negócios Hoje**
>
> Crie uma lista de critérios que qualificam os leads para que você possa movê-los para uma história que resolva seus problemas e mude suas vidas.

DIA 43

Como Vender — Convide os Clientes à História

Apresente seus leads qualificados ao arco da história que seu produto ou serviço torna possível.

Agora que você sabe quem escalar para a história, é hora de convidá-lo para ela.

Cinco coisas acontecem em quase todas as histórias. O herói tem um problema, esse problema o frustra tanto que o leva a agir, ele encontra um guia que tem algum tipo de plano ou ferramenta para ajudá-lo, ele começa a acreditar na solução e então age para resolver o problema.

Portanto, para que seus leads qualificados se interessem em entrar nessa história, você simplesmente precisa apresentá-la para eles.

Para criar um arco de história personalizado para cada um dos seus clientes, use esta fórmula:

1. Diga ao cliente que você vê que ele está lutando com o problema X.
2. E que o problema X está causando a frustração Y.
3. Diga que o produto ou serviço resolve a frustração Y, resolvendo o problema X.
4. Mostre que você trabalha com centenas de clientes com problemas X e os resultados.
5. Crie um plano passo a passo para que seu problema e frustração sejam resolvidos.

Essa fórmula é usada há milhares de anos para contar histórias, porque a mente humana a entende e é atraída por ela. Portanto, se a mente humana entende essa fórmula e é atraída por ela, você deve usá-la para convidar os clientes a uma história em que os problemas deles serão resolvidos por meio da compra dos seus produtos.

À medida que você entende melhor a estrutura, aprenderá a melhorar a história para a qual convida os clientes. Muitos vendedores se perdem quando se trata de vender, e é por isso que eles não fecham muitas vendas.

Em vez de enviar presentes e cartões de agradecimento e ligar para seus clientes em seus aniversários, faça o trabalho árduo de identificar seus problemas, ouvindo as frustrações que seus problemas causam e consultando-os para saber como esses problemas podem ser resolvidos.

O objetivo de um bom vendedor não deve focar em ser apreciado; mas sim em ser confiável. Gostamos de qualquer pessoa que seja legal conosco, mas confiamos e respeitamos as que podem aliviar nossas frustrações ao nos ajudar a resolver nossos problemas.

Quando você fala com um cliente em potencial, entende e é capaz de explicar claramente a história para a qual o está convidando? E você pode personalizá-la para a situação específica e os pontos problemáticos dele? E comunica essa história como um convite para resolver os problemas e mudar a vida dele?

Do contrário, use a fórmula de cinco partes para mapear as histórias dos seus clientes e, em seguida, comece a convidá-los para resolver os problemas deles. Se você fizer isso, verá que o respeito e a confiança que recebe, bem como as vendas que fecha, aumentarão.

> **Dica do Dia para Simplificar os Negócios Hoje**
>
> Identifique os problemas dos clientes e convide-os para uma história em que eles serão resolvidos.

DIA 44

Como Vender — Repita os Pontos Cruciais

Vista o papel de guia e conheça suas falas.

A maioria dos clientes em potencial não desiste de uma compra porque o vendedor não foi charmoso, amigável ou desafiador. Eles desistem de uma compra porque o vendedor não os orientou em direção a uma solução para o problema que têm.

Então, como obter mais vendas? Basta sermos o guia.

Agora você conhece os papéis que existem em cada história. Você também sabe que, no que tange às vendas, o herói é o cliente. A história é deles. Dito isso, desempenhamos um papel importante. Somos o guia.

Obi-Wan Kenobi foi guia de Luke Skywalker em *Star Wars*. Haymitch, de Katniss em *Jogos Vorazes*. Você é o guia do seu cliente.

Então, o que um guia faz? Bem, quanto à venda, ele faz três coisas:

1. Lembra ao herói do que trata a história.
2. Dá ao herói um plano para resolver o problema e ganhar o dia.
3. Prenuncia o cenário futuro, de clímax, da história.

Para sermos o guia, precisamos lembrar constantemente os nossos clientes sobre o que é a história e convidá-los a entrar nela para que experimentem uma resolução positiva.

O guia precisa saber suas falas e repeti-las com frequência. Lembrar o cliente sobre a história e oferecer-lhe um plano se resume a esses pontos principais.

Se estou vendendo equipamentos de parquinho infantil, e meu cliente é uma igreja local, meus pontos são:

> Sei que você está procurando uma maneira de a sua igreja ser mais convidativa para a comunidade e é frustrante tentar transmitir o quão

acolhedor você realmente é. Depois de instalar o parquinho e convidar a comunidade para a grande inauguração, você terá enviado uma mensagem calorosa e mais pessoas sentirão uma conexão com a congregação. Isso resultará em mais pessoas na igreja e em mais vidas mudadas.

Captou a história, o plano e o cenário futuro?

O problema: A comunidade não vai à igreja porque não considera o prédio da igreja convidativo.

O plano: Construir um parquinho e convidar a comunidade para a grande inauguração.

O cenário futuro: "... mais pessoas na igreja e mais vidas mudadas."

Essas falas, e variações delas, são os pontos de discussão do guia.

Memorize os Pontos Principais

O segredo para convidar os clientes para uma história é descobrir os pontos que a definem e, em seguida, repeti-los em reuniões de almoço, em e-mails, em propostas, em telefonemas, e muito mais.

Muitos vendedores passam muito tempo tentando construir uma conexão. Muito bom. Mas nosso trabalho como vendedores é resolver problemas e mudar vidas. E, honestamente, nada cria conexão mais rápido do que resolver problemas e mudar vidas.

Convenhamos, repetir as falas para um cliente fora de conversas significativas é desagradável. Mas o bom de ter pontos preparados para cada um de seus clientes em potencial é que eles lhe permitem passar a maior parte do tempo conversando sobre outras coisas. Portanto, 80% do seu tempo pode ser gasto na construção de um relacionamento autêntico, desde que 20% da sua comunicação reforce os pontos e convide o cliente para uma história clara e convincente.

Quando você estiver com um cliente, é uma boa abrir e encerrar a conversa com os pontos, como uma forma de garantir que ele entenda a história para a qual você o está convidando.

Assim como um líder, ao iniciar um discurso ou uma entrevista importante, um bom vendedor tem seus pontos memorizados e os repete indefinidamente. Se o fizer, o cliente o reconhecerá como um guia em sua vida, será convidado para a história convincente e fará uma compra que resolverá o seu problema.

Lembre-se sempre, o cliente é o herói. E ele está procurando um guia para convidá-lo para uma história. Isso é o que significa ser vendedor.

> **Dica do Dia para Simplificar os Negócios Hoje**
>
> Prepare pontos definidos que convidem os clientes para uma história e os repita indefinidamente.

DIA 45

Como Vender — Crie uma Grande Proposta

Elabore sua proposta usando a fórmula dos livros de histórias.

Muitos vendedores resumem sua oferta em pontos dentro de um e-mail enviado às pressas e ficam surpresos quando o cliente a rejeita.

Com frequência, o cliente culpará o preço, a concorrência, a agenda, questões orçamentárias, e assim por diante, por decidir não comprar. Mas duvido que qualquer uma dessas desculpas seja verdadeira.

A realidade é que o cliente provavelmente estava confuso sobre a forma como a transação funcionaria e o que ele ganharia com ela. As pessoas sempre rejeitam uma oferta confusa.

Por isso, memorize os pontos da história da oferta em uma proposta, em um folheto ou até mesmo em um vídeo.

Nos argumentos de venda, à medida que conhecemos os problemas dos clientes, traçamos um plano e prenunciamos um cenário futuro para as suas vidas, não devemos presumir que eles se lembrarão de cada palavra ou que tomaram notas e passaram horas estudando nossa proposta. É mais provável que tenham gostado da conversa, tenham sido atraídos pelo convite narrativo e depois voltaram para casa e se esqueceram dos detalhes.

Então, quando chegou a hora de tomar a decisão, ficaram confusos.

Sempre que um cliente diz que vai pensar a respeito e entrar em contato com você mais tarde, você provavelmente acredita que isso significa que ele está rejeitando sua oferta. Na verdade, não acho isso. O que ele está realmente dizendo é: "Entrarei em contato com você quando tiver mais clareza." Infelizmente, a clareza não chega. Por quê? Porque você não lhe deu um único documento interessante que ele pudesse ler e revisar.

É por isso que uma boa proposta, folheto, site, vídeo ou qualquer outra peça de apoio que criemos para fechar a venda é tão importante.

As pessoas não gostam de entrar no nevoeiro. Nossos mecanismos internos de sobrevivência querem que permaneçamos em ambientes livres de ameaças ou de ameaças em potencial, e andar em uma névoa envolve muito mistério.

O mesmo se aplica ao mundo das ideias. Se estivermos confusos sobre como será o futuro, sobre quais são as intenções de alguém, ou mesmo sobre quais devem ser nossos próximos passos, o cérebro percebe a névoa mental e dá um passo para trás.

Ótimos vendedores criam um modelo de proposta e personalizam cada uma delas conforme o cliente. Eles retransmitem cuidadosamente os problemas do cliente, o plano específico que discutiram e a forte chamada à ação que leva ao cenário futuro.

Eis um modelo de uma excelente proposta:

1. O problema do cliente.
2. O produto que resolverá o problema.
3. O plano para implementar a solução (produto) na vida do cliente.
4. Preços e opções.
5. O cenário futuro (o resultado da resolução do problema).

Essa é uma fórmula simples de histórias, não muito diferente daquela que você encontra nos livros infantis. É fácil de entender, e a premissa dentro dela (que o produto pode resolver o problema do cliente) é fácil de assimilar com base na forma como foi apresentada.

Uma proposta, PDF ou vídeo que descreve a história do cliente dessa forma é fácil de entender, não cria névoa nem confusão e tem mais probabilidade de resultar em uma venda.

As propostas podem parecer desatualizadas, lentas e desnecessárias, mas a verdade é que prestam um grande serviço aos clientes e fecham negócios.

Um bom vendedor gastará seu tempo de inatividade examinando seu banco de dados, relembrando os problemas e as necessidades dos clientes em busca de uma solução e, em seguida, personalizando propostas para enviar para que eles revisem. Esse vendedor fechará mais vendas do que qualquer outro. Por quê? Porque ele se deu ao trabalho de memorizar a história do cliente e de criar clareza em torno da decisão que deseja que o cliente tome.

> **Dica do Dia para Simplificar os Negócios Hoje**
>
> Use a proposta ou outra peça de garantia de vendas para memorizar a história do cliente para ele ter um documento que alivie a confusão e o ajude a tomar a decisão.

DIA 46

Como Vender — Como Fechar a Venda

Um grande vendedor chama os clientes à ação com confiança.

Conheci um cara no colégio que namorava todas as garotas bonitas. Sempre cavalheiro, ele falava com elas e as fazia rir, e, se elas o atraíssem, convidava-as para sair. Ele não tinha medo algum, e as meninas gostavam disso. Elas gostavam da forma como ele tornava as coisas leves e divertidas e de não as pressionar. Ele também não parecia se importar se elas o rejeitassem. Ele mantinha a leveza para que elas não se sentissem mal por fazê-lo se sentir mal. E elas gostavam ainda mais dele por isso.

Meus amigos e eu, no entanto, dávamos uma grande importância a esses relacionamentos. Achávamos que se convidássemos uma garota para sair e ela dissesse não, nunca mais falaria conosco ou diria às amigas que éramos horríveis. Em vez disso, tentávamos sentir a situação e fazíamos perguntas confusas, como que tipo de xampu elas usavam e se faziam o próprio laço, e todo tipo de perguntas que são as piores coisas que se pode dizer se você quer sair com alguém.

Certa vez, quando perguntamos a esse cara como ele ficara tão ousado em conversar com as garotas, ele sorriu e disse: *Cara, mantenha a leveza.*

Esse não foi apenas um bom conselho sobre namoro. Foi um bom conselho sobre a vida.

Levei anos para perceber que namorar era apenas namorar, e que a rejeição fazia parte da vida e ninguém deveria se sentir mal por isso.

Acredito que o mesmo se aplica às vendas. O motivo pelo qual as pessoas ficam nervosas com o namoro é o mesmo pelo qual alguns vendedores têm medo de fechar um negócio. Eles ficam nervosos com medo de serem rejeitados. Eles perdem a leveza.

A verdade é que, se você não é um canalha e trata as pessoas com o máximo respeito e acredita que pode beneficiar a vida de todos ao redor, não deve haver nada de pesado em uma interação de vendas.

As vendas fazem parte da vida, e ninguém deve ficar constrangido com isso. Os profissionais de vendas se dão melhor quando vivem plenamente como vendedores, dizendo a todos o que vendem, quais problemas seus produtos resolvem e pedindo às pessoas que falem a seus amigos sobre eles.

Se quisermos ser bons vendedores, temos que superar o medo da rejeição.

A parte mais importante do processo de vendas é a chamada à ação. Todo vendedor sabe disso. Mas é o profissional de vendas que se sente muito bem com sua chamada à ação, que a entende como um serviço para o mundo e mantém a leveza que realmente consegue a venda.

Quando estou conversando com um cliente em potencial (ou, nesse caso, um amigo, parente ou motorista de ônibus), muitas vezes me ouvirão dizer: "Seu pessoal precisa que você os ajude a se desenvolver, porque eles não podem pagar uma faculdade. Você deve fazer com que eles se inscrevam em minha plataforma de aprendizado online, Business Made Simple. Eles se tornarão grandes profissionais de negócios e ficarão gratos a você."

Por que falo às pessoas sobre meu produto com tanta frequência? Porque passei anos me debatendo na faculdade e nunca aprendi o que precisava para ter valor dentro de uma organização. Depois de aprender o que precisava com livros, amigos e fracassos, e de me tornar um empresário de sucesso, eu quis facilitar o processo para os outros. Acredito no meu produto. Acredito que posso resolver um problema sério no mundo, então não tenho vergonha de contar às pessoas.

Resumindo, acredito que posso convidar as pessoas para uma história que transformará suas vidas. Por que eu deveria ter vergonha disso?

Você acredita no produto que vende? Você acredita que pode resolver o problema de um cliente e mudar a vida dele? Se não, pare. Estou falando sério. Basta sair da empresa e encontrar uma missão na qual você acredita.

Eu poderia lhe ensinar processos de vendas o dia todo, mas, se você não acreditar em você mesmo e no seu produto, nada funcionará.

A maioria dos problemas que os vendedores enfrentam para fechar negócios são psicológicos. Seus problemas decorrem de pensar na rejeição como algo pesado e, portanto, tornam as conversas de vendas estranhas. Seus problemas decorrem de você não acreditar em você mesmo. Seus problemas decorrem de você não acreditar nos seus produtos.

Quando acreditamos em nós mesmos e em nossos produtos, não agimos com medo; em vez disso, chamamos os clientes à ação com confiança.

> **Dica do Dia para Simplificar os Negócios Hoje**
>
> Não tema a rejeição, chame seus clientes à ação com confiança.

Profissional Orientado para o Valor

* Aumente seu valor econômico pessoal dominando cada uma das competências essenciais.

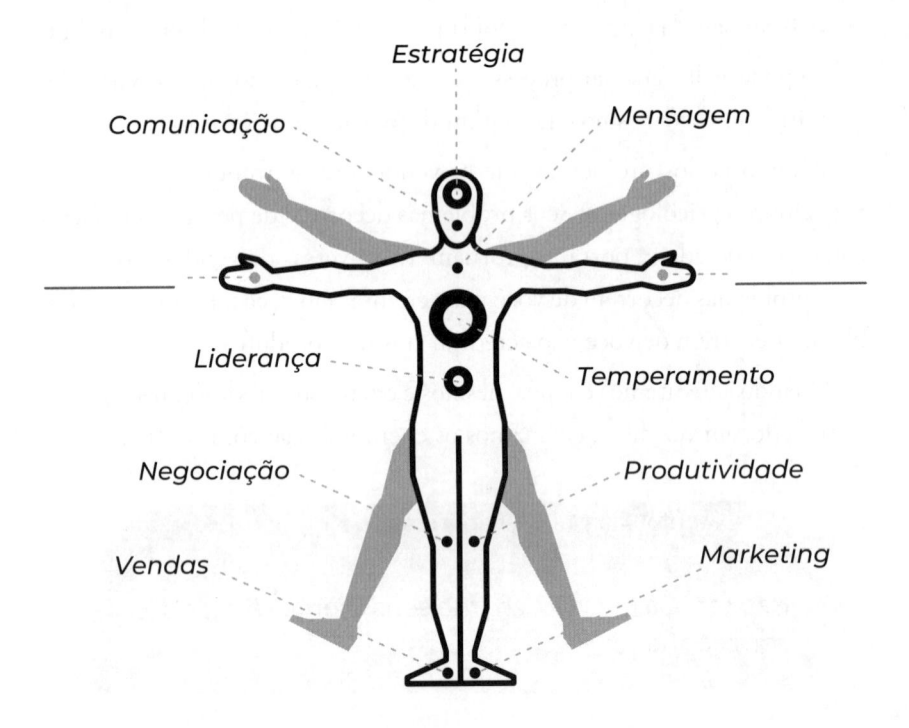

- Estratégia
- Mensagem
- Comunicação
- Liderança
- Temperamento
- Negociação
- Produtividade
- Vendas
- Marketing

CAPÍTULO NOVE

SIMPLIFICANDO A NEGOCIAÇÃO

INTRODUÇÃO

Tendo estabelecido o temperamento de um profissional competente, aprendido a unir uma equipe em torno de uma missão, a se tornar mais produtivo e a esclarecer a mensagem, entendido o que entra no funil de vendas, como se tornar um comunicador excepcional e aprendido a vender, agora aprenderemos a nos tornarmos ótimos negociadores.

Todo profissional está em constante negociação, sabendo disso ou não. Ele negocia o salário com o chefe, o horário com o assistente, contratos com fornecedores e até mesmo em que restaurante ele e seus amigos almoçarão.

Sempre que você se encontra em uma comunicação estratégica para fechar um negócio ou resolver um problema, está em uma negociação.

Um bom negociador sabe gerar e economizar milhões para uma empresa todo ano. Portanto, qualquer membro da equipe que entenda a estrutura da negociação aumenta drasticamente seu valor dentro da organização.

Infelizmente, a maioria dos profissionais negocia sem nem sequer perceber que o está fazendo. Quando se vê em conversas que envolvem tomar uma decisão, ele pensa que está tendo apenas uma conversa. E, por causa disso, a maioria dos profissionais não consegue o que deseja para si e para a empresa para a qual trabalha.

Menos de 10% dos profissionais ativos foram treinados em cursos de negociação. Isso representa uma oportunidade estratégica para o restante de nós aumentar nosso valor econômico pessoal.

John Lowry, que ministra o curso Negotiation Made Simple, do Business Made Simple, diz que, se você não tiver uma estrutura de negociação estratégica para usar, provavelmente perderá.

Ele tem razão.

Ao negociar, não confie na intuição. Confie em processos comprovados.

Nos próximos quatro dias, eu lhe apresentarei quatro dos muitos pontos que John levanta no curso de negociação que ele ministra para o Business Made Simple e para o Pepperdine Law.

Já assisti às aulas de John três vezes. A cada vez que faço o curso, aprendo algo novo. Suas aulas me ensinaram vários movimentos significativos que usei em negociações de contratos que me renderam milhões.

Compilei minhas quatro lições favoritas do curso de John porque essas são as quatro lições que geraram ou economizaram dinheiro diretamente. Se você compreender esses quatro princípios, será um negociador melhor do que quase qualquer outra pessoa que conheça. E um bom negociador é um membro valioso para qualquer equipe.

DIA 47

Como Negociar — Dois Tipos de Negociação

Um bom negociador entende os dois tipos diferentes de negociação, a colaborativa e a competitiva.

Nem todo mundo vê uma negociação da mesma maneira ao mesmo tempo. Alguns tipos de negociação funcionam como um jogo ganha/perde, enquanto outros são uma tentativa de encontrar uma solução ganha/ganha.

Em uma negociação de longo prazo, de fato, o modo de negociação pode mudar de ganha/ganha para ganha/perde, e, se você não sabe que a troca foi feita, certamente sofrerá com ela.

A negociação ganha/perde é denominada de competitiva, enquanto a de tipo ganha/ganha, de colaborativa.

Uma regra geral sobre a negociação é que, se uma parte dela for competitiva e a outra, colaborativa, a técnica de negociação competitiva vencerá, e a colaborativa perderá. Quase sempre.

Mas isso não significa que os negociadores competitivos sempre ganham. Se dois negociadores entrarem em uma negociação, um deles perderá, enquanto o outro ganhará.

No tipo competitivo, os negociadores não precisam apenas sair satisfeitos com o resultado; eles precisam que o outro fique descontente.

Reiterando, no tipo competitivo, o negociador não sentirá que ganhou até que você tenha perdido.

Na negociação colaborativa, no entanto, os negociadores buscam que ambas as partes se beneficiem dela.

Então, eis a regra: Se você estiver em uma negociação colaborativa e sentir que a pessoa com quem está negociando ativou o modo competitivo, mude para o tipo competitivo imediatamente. Por quê? Porque ela não está procurando uma situação ganha/ganha, e, para criar um cenário assim, você precisa que ela se junte a você.

Então, como isso funciona? Bem, recentemente negociei a compra de um imóvel comercial. Meu tipo de negociação padrão é o colaborativo, então estou sempre procurando um cenário ganha/ganha. Ficou claro que a equipe com a qual eu estava negociando não estava interessada em entender o que eu queria, apenas em conseguir o que ela queria, então logo ativei o modo competitivo. Fomos e voltamos no preço até finalmente chegarmos ao número que eu queria. Mas, em vez de apertar a mão e dizer: "Chegamos a um acordo bom para os dois lados", eu disse a eles que era muito dinheiro e que eu teria que fazer um sacrifício significativo para honrar o compromisso. Falei que adoraria que o preço fosse mais baixo e perguntei novamente se eles poderiam diminuir. Eles recusaram. Então fechei o negócio.

Por que era importante para mim não os deixar saber que chegamos ao preço que eu queria? Porque, se eles soubessem que todos ficaram satisfeitos, aumentariam o preço. Um negociador competitivo precisa que você perca, então, quando informa sobre tudo o que está perdendo para fechar o negócio, ele fica satisfeito.

Isso é enganoso? Não é assim que vejo. A verdade é que tive que fazer sacrifícios para fechar o negócio e adoraria ter comprado o prédio por menos, e, se eles queriam que eu ficasse chateado com o negócio, por que não lhes dar o que queriam? Afinal, essa é a única maneira de fechar. Lembre-se de que, no tipo competitivo, o negociador não para até ter certeza de que você perdeu.

O que realmente estamos falando aqui é sobre criar um fundo falso para a negociação. No tipo competitivo, o negociador continuará a ajustar o preço até que você não possa ir mais longe. Quando você perceber que a negociação ficou competitiva, certifique-se de que saibam que não é capaz de seguir; e esse é o momento em que sentirão que venceram.

Um alerta: Não seja ingênuo. No tipo competitivo, o negociador quer que você perca. No colaborativo, ele deseja que ambas as partes ganhem. Nenhum tipo é melhor do que o outro. Ambos funcionam muito bem. Mas, se você estiver no modo colaborativo e a outra parte, no competitivo, você perderá a menos que reconheça o que está acontecendo.

Sempre saiba o tipo de negociação adotado pela pessoa que está negociando com você e responda de acordo com ele.

> **Dica do Dia para Simplificar os Negócios Hoje**
>
> Sempre saiba se você está em uma negociação competitiva ou colaborativa e negocie de acordo com o tipo.

DIA 48

Como Negociar — Repare nos Detalhes Nem Tão Pequenos

Um bom negociador sabe detalhes nem tão pequenos.

Nem todas as negociações são racionais. Os seres humanos são complexos e, muitas vezes, os problemas emocionais entram em jogo.

As pessoas são motivadas por muitas coisas, não só por dinheiro.

Enquanto estava construindo minha empresa, tive que encontrar uma maneira de atrair talentos que gostam de trabalhar em empresas maiores. Comecei listando "benefícios extras" do trabalho. O primeiro era que estávamos em uma missão significativa, e isso era atraente para eles. Outro era que, para cada cargo, oferecíamos algo mais valioso do que o pagamento. Oferecíamos uma pequena plataforma na qual eles podiam aumentar sua influência pessoal, a chance de trabalhar em casa e de trabalhar com uma equipe de indivíduos de alto desempenho. Uma das maneiras de construirmos uma equipe incrível desde o início foi destacar as oportunidades extras que as pessoas teriam se ingressassem na nossa equipe.

John Lowry, o professor que ministra o curso Negotiation Made Simple, do Business Made Simple, chama isso de detalhes nem tão pequenos.

Ao negociar, pergunte-se quais outros fatores podem estar em jogo. O vendedor quer vender o carro para alguém que vai adorar e cuidar dele? Se você é o comprador que vai cuidar bem daquele carro, certifique-se de explicar que continuará a tradição. O comprador estaria disposto a pagar mais se soubesse que este era o mesmo pote de manteiga de amendoim que Elvis comeu antes de morrer? Se você está falando com um fã louco por Elvis, esse é um importante "detalhe nem tão pequeno" para mencionar!

Certa vez, ao negociar uma grande operação, consegui criar um cenário ganha/ganha ao fazer com que um palestrante conhecido falasse em um de meus eventos, concordando em ajudá-lo a redigir sua palestra, de forma que pudesse ser transformada em um livro. O palestrante aceitou porque eu paguei muito a ele? Não, ele foi porque fui capaz de ajudá-lo a pensar em seu material e no futuro manuscrito.

John Lowry está certo. Quase sempre há algo acontecendo nos detalhes. Um bom negociador entende que uma negociação envolve mais do que apenas números; trata-se de satisfazer alguém no final do negócio. E isso inclui a satisfação emocional.

Você tem o hábito de procurar os detalhes nem tão pequenos das suas negociações?

> **Dica do Dia para Simplificar os Negócios Hoje**
>
> Ao negociar, descubra os detalhes que você pode oferecer à contraparte como uma forma de tornar o negócio mais satisfatório e de fechá-lo.

DIA 49

Como Negociar — Faça a Oferta Inicial

Um bom negociador ancora a negociação com a oferta inicial.

Acadêmicos de negociação muitas vezes discordam de fazer a oferta inicial. A lógica para não a fazer é a seguinte: Se esperar que o outro lado fale, você saberá o que ele quer e encontrará pistas sobre o que será necessário para fechar o negócio.

Isso faz sentido porque muitas vezes você não sabe a faixa que o outro lado está considerando. No entanto, ao permitir que o outro lado faça a oferta inicial, você perde algo que considero mais valioso: a capacidade de ancorar a negociação.

Ancorar a negociação significa dar as cartas e fazer a negação girar em torno da sua decisão.

Por exemplo, se está comprando um carro novo, sabe que a concessionária coloca um número na janela que fixa o preço com uma alta atração gravitacional. Se eles querem R$35 mil pelo carro, e você negociar o preço para R$34 mil, você sente que fez um bom negócio com o desconto de R$1 mil. Mas e se a oferta inicial (o adesivo no carro) fosse R$5 mil acima do que a concessionária estava disposta a aceitar? Isso significa que ela ganha R$ 4 mil acima do preço pelo qual teria vendido o carro.

Quando você faz a oferta inicial, você, desse ponto em diante, define a âncora gravitacional para o resto da conversa. É uma vantagem estratégica.

Digamos, porém, que você não conseguiu fazê-la. Imóveis e automóveis, por exemplo, têm a oferta inicial definida antes mesmo de você começar a negociar. Se for esse o caso, ajuste o ponto gravitacional da negociação à sua maneira com uma contraoferta. Uma contraoferta não é tão forte quanto a oferta inicial, mas ainda é útil.

Às vezes, ter informações que ajustam o ponto gravitacional da negociação do seu jeito reinicia a conversa. Um amigo que trabalhava no ramo de automóveis recentemente se sentou em uma concessionária de carros de luxo para comprar um carro novo. Ele vendia o software que muitas concessionárias usam para rastrear o estoque. O vendedor declarou o preço de US$90 mil. Meu amigo então fez uma cópia impressa de um relatório sobre o carro informando que a concessionária comprou o carro por US$60 mil, e que ele achava que US$70 mil era um preço justo, dando à concessionária um lucro de US$10 mil. Essa informação redefiniu a âncora gravitacional a favor do meu amigo. Ele comprou o carro de US$90 mil por US$72 mil.

Independentemente de você fazer a oferta inicial, pensando em várias ofertas como números que afetam a atração gravitacional, você pode influenciar a negociação para uma direção com a qual se sinta confortável.

> **Dica do Dia para Simplificar os Negócios Hoje**
>
> Faça a oferta inicial para ancorar o resto da negociação.

DIA 50

Como Negociar — Fuja da Isca Emocional

Um bom negociador diversifica seus interesses para evitar ser fisgado emocionalmente.

Como mencionei em outro conceito, não somos exatamente racionais quando se trata de negociação. Por esse motivo, quando estamos negociando algo que queremos, devemos ter certeza de não sermos surpreendidos por nossas emoções e tomarmos uma decisão errada.

Todos estivemos em negociações nas quais nos encontramos querendo o que quer que seja, um pouco demais. Quer se trate de uma casa, um carro, um novo funcionário ou até mesmo uma relação, o poder na negociação muda repentinamente para o outro lado. Queremos seja o que for e vamos sacrificar o que for preciso.

Essa é uma péssima posição para se estar em uma negociação.

Mas o que fazer quando somos dominados pela emoção?

Uma boa tática é encontrar outra alternativa e dividir nossos interesses, para não sermos levados tão facilmente.

Por exemplo, anos atrás, minha esposa e eu começamos a negociar para comprar a casa do nosso vizinho. Nosso plano era comprar a casa dele, demoli-la e construir uma nova casa, e usar nossa casa atual como casa de hóspedes. Recebemos mais de duzentos convidados em eventos todo ano e, portanto, precisávamos do espaço.

A verdade é que o preço que nosso vizinho estava pedindo era muito alto. Ele baseou sua avaliação em propriedades comparáveis que ficavam em uma parte muito mais procurada da cidade. Ainda assim, eu me peguei andando pelo quintal imaginando nossa casa de sonho bem ali onde ficava a casa dele. Era tudo o que podia fazer para não aceitar o valor, simplesmente.

Em vez disso, lembrei-me do que John Lowry me ensinou em seu curso. Quando você estiver emocionalmente fisgado, divida seus interesses e comece a procurar alternativas.

Quando sentimos que o que estamos negociando é o único do tipo, acionamos um mindset de escassez e perdemos a influência emocional.

Em vez de fazer uma oferta ao meu vizinho, liguei para o meu corretor de imóveis e pedi-lhe que fizesse uma oferta baixa em quinze acres rua abaixo. Eu tinha encontrado a propriedade anos antes, mas estava muito além do nosso orçamento, então nunca perguntei sobre ela.

Relutante, meu corretor fez uma oferta pela outra propriedade (digo relutante porque a oferta era tão baixa que ele achou que poderia até ser ofensiva) e, para nossa surpresa, o comprador quis conversar. Poucos meses depois, minha esposa e eu fechamos os quinze acres a dois terços do preço pedido. Não podíamos acreditar.

É engraçado como você pode querer tanto algo quando pensa que não há nada melhor lá fora, mas, no segundo em que divide seu interesse, ganha poder de alavancagem e também percebe o quanto o mindset de escassez custa caro.

A estratégia é tomar cuidado para não querer demais alguma coisa. Querer muito o fisga, e, uma vez que esteja fisgado, você começará a tomar decisões erradas. Existe um mundo de opções maravilhosas por aí. Certifique-se de saber quais são elas antes de começar a negociar.

> **Dica do Dia para Simplificar os Negócios Hoje**
>
> Diversifique seu interesse em várias oportunidades antes de começar a negociar para evitar ser fisgado emocionalmente.

Profissional Orientado para o Valor

* *Aumente seu valor econômico pessoal dominando cada uma das competências essenciais.*

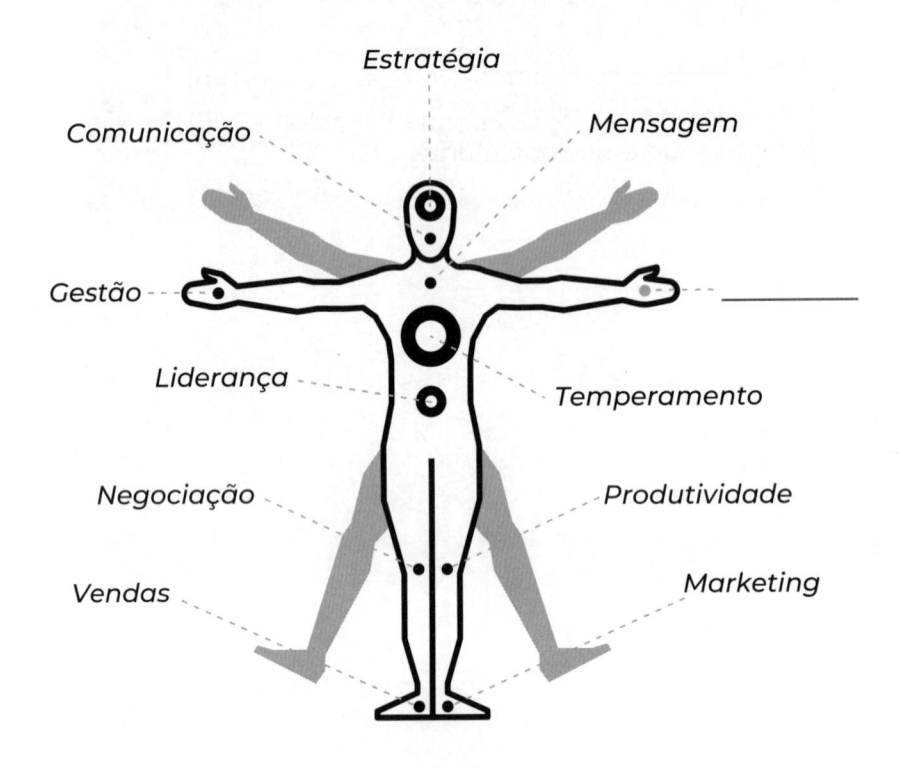

- Estratégia
- Mensagem
- Comunicação
- Gestão
- Liderança
- Temperamento
- Negociação
- Produtividade
- Vendas
- Marketing

CAPÍTULO DEZ

SIMPLIFICANDO A GESTÃO

INTRODUÇÃO

Até agora, cobrimos oito características de um profissional orientado para o valor: unir uma equipe em torno de uma missão, produtividade pessoal, como um negócio funciona, mensagens, marketing, comunicação, vendas e negociação. Sem dúvida, somos profissionais muito mais valiosos do que éramos quando começamos. Mas agregaremos ainda mais valor falando sobre algo que muitos de nós têm que fazer todos os dias: gerir pessoas.

Gestão tem tudo a ver com ajudar outras pessoas a vencerem para que a equipe geral possa vencer. Gestores que não são apreciados não têm uma definição clara do que significa vencer nem das vitórias que cada membro da equipe pode experimentar enquanto ajudam a equipe geral a vencer.

Em suma, confiamos nos líderes profissionais por dois motivos:

1. Eles sabem o que estão fazendo e sabem ajudar a equipe a vencer.
2. Eles se preocupam com cada indivíduo da equipe.

Um bom gestor é capaz de analisar as habilidades e o talento da equipe e a projetar um plano de vitória para ela.

Na próxima seção do livro, falo sobre como criar e implementar um programa de execução. A verdade, porém, é que vejo gestão e execução como dois lados da mesma moeda. Gestão, no entanto, significa colocar criativamente as pessoas certas para trabalhar nas atribuições certas. A administração cria sistemas e a execução os gerencia.

Um bom gestor sonha com um sistema ou processo e, então, gerencia sua execução de forma direta, até que os resultados sejam excelentes.

Os gestores estão em toda parte, mesmo que não sejam assim chamados. Cada membro da equipe que tem liberdade para melhorar seu trabalho é, na verdade, um gestor. Ele o é porque deve identificar o que é importante e criar processos que façam as coisas importantes de maneira melhor e mais rápida.

Mesmo que trabalhe sozinho em sua própria empresa, você é um gestor. Você deve fazer seu trabalho de maneira mais inteligente, rápida e melhor para criar um valor tangível e ter mais chances de sucesso.

Claro, devemos sempre lembrar que, quando gerenciamos, não estamos apenas gerenciando sistemas, mas pessoas dentro deles.

Nos próximos cinco dias, apresentarei a estrutura para simplificar a gestão que ajudará qualquer pessoa, desde um gestor iniciante a um profissional experiente, a melhorar suas habilidades de gestão.

Essa estrutura é uma abordagem única sobre gestão, indo além das habilidades sociais da gestão de pessoas até a arena do que é necessário para construir uma equipe de alto desempenho.

O objetivo por trás da estrutura é dar a cada membro da equipe um gestor adorado, e a cada declaração de lucros e perdas um resultado final que indique a vitória.

DIA 51

Como Gerir Pessoas — Estabeleça Prioridades Claras

Um grande gestor estabelece prioridades claras.

O trabalho número um do gestor é ter uma compreensão cristalina das prioridades da divisão. Para isso, certifico-me de que todos os gestores de todas as divisões da minha empresa saibam o que são responsáveis por produzir. Quer se trate de contratos de vendas fechados, leads, peças concluídas do currículo ou renovações de assinaturas, cada divisão de cada empresa existe para adicionar algo aos resultados financeiros. As prioridades de cada uma delas devem ser um bloco de construção para tudo o que são responsáveis por fazer. Ao decidir quais são suas prioridades, você define um foco para si mesmo e para cada membro da equipe.

Isso parece simples e trivial, mas metade dos gestores com quem converso não sabe o que seu departamento deve produzir. E, mesmo que tenham certeza, quando converso com os membros da equipe isoladamente, obtenho respostas diferentes.

Ninguém consegue ler a mente do seu gestor. O gestor deve dizer à equipe, quase todos os dias, qual deve ser o foco.

Outro erro que os gestores cometem ao definir o que a divisão produz é ser vagos. Se dirige uma equipe de atendimento ao cliente, o gestor pode dizer algo como: "Produzimos a satisfação do cliente", o que parece bom, mas é difícil de medir e ainda mais difícil de saber como produzir.

Produzir sorrisos e pessoas felizes é uma excelente linha de marketing, mas um bom gestor deve ser mais prático.

Por exemplo, um gestor de uma divisão de atendimento ao cliente deve ter como objetivo produzir algo tangível, como responder a 100% dos tíquetes de atendimento ao cliente 30 minutos após recebê-los. Se souber que atender às solicitações em até 30 minutos aumenta drasticamente a satisfação do cliente, a equipe saberá como produzir o todo por meio da soma de suas partes.

Sei que isso soa como uso de retórica, mas a retórica é importante. Como gestores, devemos definir claramente o que nossa divisão (ou empresa) produz.

Ao decidir o que sua divisão (ou empresa) produz, é importante que tudo o que você escolher tenha três características:

1. Ser mensurável.
2. Ser rentável.
3. Ser escalável.

Ser Mensurável

Você sabe o que produz e pode medi-lo?

Se gerimos um restaurante, devemos medir algo como o tempo que levamos para cozinhar a comida e o tempo necessário para que ela chegue à mesa, porque, se não o fizermos, provavelmente teremos comida fria sendo entregue, o que resultará em clientes infelizes e insatisfeitos.

Se eu fosse entrevistar um gestor em potencial e ele me dissesse que o primeiro passo seria decompor as partes do processo que produzem algo para os resultados da empresa e, em seguida, começar a medi-las para manter a equipe responsável por realizá-las, ele se destacaria como alguém que sabe o que faz. De novo, a maioria dos gestores pensa que seu trabalho é gerir pessoas e eles não pensam em um processo, mas as pessoas prosperam quando recebem prioridades e processos claros.

Ser Rentável

O que quer que cada departamento produza, deve estar diretamente associado aos resultados financeiros da organização.

Não basta que meu departamento de eventos produza eventos. Ele deve produzir eventos lucrativos. Se meu diretor de eventos pensa que seu trabalho é simplesmente produzir eventos, ele pode produzir cinquenta eventos não lucrativos e afundar a empresa.

Isso é importante, porque há muitos gestores que fazem exatamente isso. Eles veem seu trabalho como uma série de tarefas que lhes foram ditadas pelo chefe e sentem que devem simplesmente executá-las. Essa não é a postura de um gestor. É a de um funcionário de baixo nível. Os gestores devem sempre estar cientes de como sua produção afeta a receita e o lucro.

Se um gestor trabalha para um chefe que não pensa em receita e lucro, mas o gestor pensa, esse gestor tomará o lugar do chefe em pouco tempo.

O resultado final de uma empresa é o resultado financeiro. Se a empresa não for lucrativa, abrirá falência, e todos perderão seus empregos. CEOs e presidentes de empresas sabem disso e têm uma sintonia com gestores que entendem a pressão dessa dinâmica.

Ser Escalável

Por último, tudo o que você produz deve ser escalável. Isso não é válido para empresas que não desejam escalar, mas, para a maioria de nós, é fundamental. Se um gestor cria processos para criar produtos, e esses processos não têm escala lucrativa, a organização fica limitada.

Mais pessoas poderiam ser contratadas para criar mais daquilo que você é obrigado a produzir? O processo que você projetou depende de você, ou do temperamento e das habilidades de outros funcionários para entregar em massa? Você definiu tão claramente os processos que devem ser executados que outra pessoa conseguiria se juntar à equipe e realizá-los para aumentar a produção?

Um profissional orientado para o valor sabe gerenciar uma divisão determinando algo específico que ela produz. Os critérios para o que quer que eles decidam produzir, então, devem ser mensuráveis, rentáveis e escaláveis.

Acredito que saber o que produzir e ter certeza de que isso é mensurável, rentável e escalonável é uma parte significativa do trabalho do gestor.

Infelizmente, poucos gestores sabem que isso faz parte do seu trabalho. A maioria dos gestores de primeira viagem estabelece reuniões semanais com seus subordinados diretos e simplesmente pergunta: "Como estamos indo?" Embora pareça uma pergunta cuidadosa, é tudo, menos útil. O subordinado direto desse gestor não tem ideia do que deve produzir e no que deve se concentrar, e não tem como medir seu desempenho.

Um gestor que apenas "checa" está mais interessado em ser amado do que em ser respeitado e confiável. Embora isso seja ótimo para o bem-estar do gestor, é terrível para os membros da equipe e para os resultados financeiros da organização.

Os seres humanos querem fazer parte de uma grande história, uma história sobre construir algo que valha a pena. E o ser humano gosta de medir seu progresso e ver, ao final do ano, que o que construiu é maior do que era quando começou.

Um gestor deve querer algo mais do que ser amado. Ele deve querer criar uma equipe na qual cada membro se sinta útil e importante com base em um desempenho mensurável.

Vamos ser queridos e respeitados ao definir claramente o que nossa divisão deve produzir e, em seguida, manter nossa equipe responsável por realizar tarefas específicas repetíveis que afetem essa produção.

Um bom gestor pergunta: "Como podemos fazer melhor?" com base nos números; o gestor e o subordinado são responsáveis pela produção.

Definir o que cada divisão produz leva a uma clareza de propósito e de expectativas. Clareza leva à confiança e respeito pelo gestor que definiu essas expectativas.

> **Dica do Dia para Simplificar os Negócios Hoje**
>
> Um bom gestor sabe definir um resultado específico que seja mensurável, rentável e escalável.

DIA 52

Como Gerir Pessoas — Identifique os Indicadores-chave de Desempenho (KPIs)

Identifique os indicadores-chave de desempenho que serão medidos.

A segunda coisa que um bom gestor faz é identificar e medir os indicadores-chave de desempenho.

Um bom gestor adora medir as coisas. Eles amam números tanto quanto amam as pessoas, porque os números lhes dizem como desafiar sua equipe, fazê-la crescer e quando comemorar as várias vitórias dela. A equipe que trabalha para você está sempre se perguntando como está se saindo, e, a menos que você seja capaz de medir o progresso por meio de KPI, não será capaz de dizer a ela.

Depois de definir o que nosso departamento produz, devemos medir os fatores que levam à produção desse resultado.

Ao decidir o que medir, dizemos a nós mesmos e aos membros de nossas equipes quais tarefas de rotina específicas são importantes. No final, saber por quais tarefas específicas e repetíveis um membro da equipe é responsável aumenta a clareza — e lembre-se, a clareza de um gestor leva à confiança e ao respeito.

Depois de definir o que o seu departamento produz, você precisa descobrir quais indicadores principais levam a essa produção. Os indicadores de lead são as ações que levam ao sucesso, enquanto os de lag são a medida desse sucesso.

Por exemplo, mil vendas no mês de janeiro é um indicador de lag. Essas vendas já aconteceram e não há nada que possamos fazer para aumentá-las. O mês acabou.

Certificar-se de que cada um de nossos representantes de vendas faz quinze ligações por dia, no entanto, é um indicador de lead que afeta o indicador de lag. É por isso que bons gestores são, na verdade, tão obcecados por indicadores de lead quanto pelos de lag: porque os indicadores de lead afetam os de lag.

Se eu tivesse acabado de assumir o cargo de diretor de vendas, minha primeira prioridade seria descobrir o que leva às vendas. Provavelmente, esses indicadores seriam completos, o que necessariamente significa leads alcançados. Eu provavelmente também descobriria que, quando acionamos uma campanha automática por e-mail em resposta a uma ligação de vendas principal, as vendas aumentam. E sobem ainda mais quando enviamos uma proposta formal. Então, o que medir? Leads, ligações iniciais, lançamentos de campanha por e-mail e propostas formais enviadas.

Também posso descobrir que, quando se trata de nossos negócios de primeira linha, quando o CEO liga para reforçar a proposta, fecha 70% mais negócios. Então, com a aprovação do CEO, também adiciono isso como um indicador de lead.

Um bom gestor sabe ver o processo pelas suas partes e medir a produção de cada parte na montagem do todo.

Medir indicadores positivos, porém, não é a única prioridade. Um bom gestor também administrará problemas potenciais. Ele precisa saber quando é mais provável que sua linha de montagem quebre e medir as horas usadas em várias máquinas para acionar pedidos de manutenção que evitem uma paralisação.

Se não medirmos os indicadores específicos que aumentam a produção, deixamos o foco do nosso pessoal e da nossa divisão ao acaso. E o acaso raramente produz algo de bom.

Um bom gestor atua como um treinador. Ele explica as regras do jogo para a equipe e fornece instruções específicas para ter um melhor desempenho e vencer o jogo.

Um gestor que simplesmente torce para a equipe não é um técnico; é um líder de torcida. Os treinadores projetam jogadas, dão instruções específicas e colaboram com a equipe para criar estratégias que levem à vitória.

Para determinar o que classificar como KPI, é preciso fazer a engenharia reversa dos componentes dos produtos que você deve produzir.

Se o trabalho de uma divisão específica é produzir material colateral de mídia social que vende produtos, os KPIs podem ser:

1. Cinco postagens específicas e úteis no Instagram, no Facebook e no Twitter destacando os benefícios do produto.
2. Três depoimentos de clientes sobre o poder transformador dele.
3. Duas ofertas diretas por mês, incluindo um bônus de expiração.

Esses componentes específicos, é claro, geram pedidos. Se esses KPIs forem atingidos semana após semana, os resultados financeiros da empresa serão afetados positivamente.

Uma última nota. Cada indicador de lead deve ser comparado a um padrão. Um número padrão o ajudará a saber se você atingiu ou deixou de cumprir sua meta diária, semanal ou mensal. Se devíamos fazer cem ligações de vendas essa semana, mas completamos apenas 75, precisamos analisar a máquina para ver o que precisa ser ajustado. Talvez nossas expectativas fossem muito altas? Ou, talvez, nosso desempenho tenha sido muito baixo? Essas são as questões pelas quais um bom gestor fica obcecado.

Descobrir seus KPIs é, na verdade, compreender como uma máquina funciona para medir sua eficiência e capacidade de produção.

Sem medições, você estará adivinhando. Se você adivinhar, aparecerá alguém que realmente sabe o que medir e assumirá o seu emprego.

Não deixe isso acontecer.

Descubra o que medir e fique obcecado por aumentar a quantidade e a qualidade de tudo o que você ou sua divisão produz.

Algumas pessoas verão essa ideia de gestão como algo semelhante a transformar seres humanos em engrenagens. Mas dificilmente é o caso. O que realmente fazemos é criar um jogo e um placar para que todos possam entender as regras e desfrutar do jogo.

Um bom gestor sabe como criar um jogo a partir do seu trabalho e também sabe como guiar os membros da equipe à vitória.

> **Dica do Dia para Simplificar os Negócios Hoje**
>
> Determine quais KPIs levam à produção bem-sucedida de seu produto final e, em seguida, meça-os.

DIA 53

Como Gerir Pessoas — Crie Processos Simplificados

Crie processos que aumentem a proporção de atividade para produção.

Agora que sabemos o que devemos produzir e estamos medindo os indicadores de leads que afetam essa produção, é hora de aumentar a eficiência da máquina que somos responsáveis por gerenciar.

A diferença entre um profissional orientado para o valor e um membro mediano da equipe é que o primeiro buscará formas criativas para melhorar o desempenho da máquina.

Um profissional orientado para o valor pode criar a máquina, medir sua produção e, em seguida, ajustar o motor para obter eficiência e produtividade cada vez maiores.

Mas como tornar a máquina do seu departamento mais eficiente? Basta fazer a pergunta: *Como podemos melhorar nosso trabalho?*

A maioria dos profissionais com quem você trabalha é inteligente e talentosa, então não melhore seus processos em vão. Faça uma série de reuniões nas quais você e sua equipe analisem seus processos e respondam à pergunta: *Como podemos melhorar as coisas?* Provavelmente, será sua equipe, não você, que terá o insight. Além disso, ao incluir sua equipe, você obterá mais união em prol da maneira aprimorada de fazer as coisas.

Tornar a máquina mais eficiente é a marca registrada de um grande gestor. Roy Kroc, ao comprar o McDonald's, desenhou seus restaurantes a giz, certificando-se de que cada membro da equipe conhecesse tarefas específicas enquanto operava em uma estação específica para vender mais hambúrgueres.

Embora a maioria de nós não administre restaurantes de fast-food, todos ganharíamos mais dinheiro se analisássemos nossos processos e criássemos sistemas que aumentassem a proporção de atividade para produção. Muito dinheiro é perdido em ineficiências, e os gestores que sabem disso e as corrigem recebem mais responsabilidades.

Mais uma vez, tornar a máquina mais eficiente é melhorar a relação atividade-produção. Devemos nos perguntar constantemente como podemos obter melhores resultados de nossa atividade. A resposta a essa pergunta pode envolver a movimentação do equipamento em sua oficina para que as pessoas e as peças não tenham que viajar tanto. Pode significar eliminar certas tarefas ou cortar um fluxo de receita fraco para economizar uma margem maior para atividades mais lucrativas.

A questão subjacente é: *Como podemos produzir mais do que produzimos sem perder qualidade ou aumentar a atividade?*

Outra pergunta que você deve fazer para melhorar a produção e a eficiência da sua divisão é: *Qual é o fator limitante em nossa divisão e como podemos diminui-lo?*

Você está gastando muito tempo no telefone com clientes não qualificados? Existe uma máquina pela qual todos devem esperar e faz sentido comprar uma segunda máquina? Um membro específico da equipe não está atuando de acordo com um determinado padrão? O que está causando ineficiência na máquina que você é responsável por operar?

Um bom gestor fará essas perguntas todos os dias e, em seguida, fará as alterações necessárias para aumentar a proporção de atividade-resultado.

> **Dica do Dia para Simplificar os Negócios Hoje**
>
> Melhore a sua produção e a sua eficiência e as da sua divisão perguntando quais fatores limitantes as atrasam.

DIA 54

Como Gerir Pessoas — Dê Feedback Útil

Dê um feedback útil o quanto antes e com frequência.

Os processos que elaboramos e aprimoramos são desenvolvidos e sustentados por meio de um feedback útil. Certa vez, enquanto eu participava de um treino do Seattle Seahawks com meu COO, observei a eficiência com que a equipe realizava seus exercícios. Eles repassaram todas as jogadas que haviam elaborado para o próximo jogo em apenas 45 minutos. Os membros da equipe entraram e saíram do campo respondendo a alguns assobios. Tudo sobre a prática foi transformado em processos memorizados, e, como um relógio suíço, a execução foi precisa.

O que realmente fez a prática funcionar, porém, foi o que aconteceu no final. O técnico Carroll reuniu o time e comemorou as vitórias dele. Por quê? Porque você nunca transformará um ser humano em uma máquina. As pessoas sempre precisam de conexão e afirmação humanas.

As pessoas são infinitamente mais complexas e milagrosas do que as máquinas. As máquinas não podem avaliar a beleza, o valor ou o significado de um mundo cheio de nuances. As máquinas não podem ter empatia por você nem se preocupar com seu bem-estar de uma forma que seja emocionalmente relevante ou reconfortante.

Um bom gestor sabe, então, que seu pessoal é seu ativo mais valioso e, enquanto trabalha para criar uma máquina cada vez melhor, trata com muito cuidado as pessoas que o ajudam a construí-la.

O cuidado adequado das pessoas em um ambiente profissional envolve avisá-las sobre como estão como membros da equipe. E isso envolve elogios e feedback construtivo.

Ao elogiar, seja específico sobre o que o membro da equipe fez para merecer o elogio. Quando dizemos "bom trabalho", não devemos presumir que o membro da equipe sabe qual aspecto do trabalho ele deve repetir. Comentários como "manteve a calma sob pressão" ou "bom trabalho dedicando um tempo extra para acertar" são mais específicos.

Elogiar os membros da nossa equipe é fácil. Infelizmente, o elogio é apenas metade da tarefa de gerir pessoas. Oferecer feedback construtivo é a outra metade.

Muitos gestores de primeira viagem temem dar um feedback construtivo. Eles não se importam em elogiar os membros da equipe, mas as conversas que envolvem críticas parecem pesadas. Por causa disso, a posição que eles assumem em relação a cada membro da equipe, a partir da perspectiva dessa pessoa, soa assim:

"Ótimo trabalho, excelente, tudo maravilhoso, agora você está demitido."

Como gestores, precisamos ter o cuidado de dar um feedback crítico individual aos membros da equipe de forma segura, de forma que eles o aceitem, consigam digerir o que aprenderam e evoluir como profissionais orientados para o valor.

O segredo para dar um bom feedback é sempre ser *específico* com o membro da equipe que você está instruindo. Uma pessoa que percebe um julgamento genérico não é receptiva a feedbacks.

Todos nós vimos treinadores de basquete e de futebol ficarem zangados com seus jogadores e criticá-los diretamente, às vezes em rede nacional. E, no entanto, a maioria dos jogadores ainda adora o treinador que corrigiu seu comportamento com tanta paixão. Por quê? É por causa do que não vimos, o fato de que aquele treinador deixou *extremamente claro* que ele defende o jogador e quer que ele vença nos esportes e na vida.

Qualquer pessoa aceita (e deseja) de bom grado as críticas de um gestor que, sem dúvida, é a favor dela.

Ao fornecer um feedback crítico, existem algumas regras gerais a serem seguidas:

1. Dê o feedback o quanto antes.
2. Peça ao membro da equipe para explorar com você o que aconteceu.
3. "Reescreva" o cenário na mente do membro da equipe usando uma abordagem diferente (e explore melhores abordagens) para que ele saiba como agir da próxima vez.
4. Lembre a ele de que você está a favor dele e quer que ele e a equipe tenham sucesso.

Dizer a uma pessoa que ela falhou não basta. Ela precisa saber que falhou e, em seguida, receber instruções específicas que lhe permitam ter sucesso no futuro.

Como gestores, se quisermos apenas usar as pessoas, vamos elogiá-las por seus sucessos e nos livrar delas se falharem com muita frequência. Mas, se estivermos do lado das pessoas, nós as elogiaremos por seus sucessos e lhes daremos ferramentas práticas que as ajudarão a ter um sucesso vitalício. Como? Oferecendo elogios e feedback construtivo.

> **Dica do Dia para Simplificar os Negócios Hoje**
>
> Ofereça elogios e um feedback construtivo a cada membro da sua equipe.

DIA 55

Como Gerir Pessoas — Seja Mais do que um Líder de Torcida, Seja um Treinador

Um bom gestor é um treinador, não apenas um líder de torcida.

Um treinador e um líder de torcida têm uma coisa em comum. Ambos querem que o time vença.

E isso é tudo o que eles têm em comum.

Infelizmente, quando os líderes empresariais contratam um coach de negócios, na maioria das vezes, ele não é um treinador, mas um líder de torcida.

Treinadores transferem seu conhecimento de negócios para os membros da equipe e, assim, duplicam-se em uma organização em crescimento.

Mesmo que os membros da equipe não queiram se tornar gestores, sua compreensão de como e por que o gestor age como o faz cria um senso de compreensão e de propriedade. Líderes de torcida animam as equipes, enquanto os treinadores as instruem sobre os processos que levam à vitória.

Não há nada de errado com um líder de torcida, é claro, mas um líder de torcida não basta para levar uma equipe (ou indivíduo) ao sucesso.

A diferença entre um treinador e um líder de torcida é que, enquanto o líder de torcida torce por você, o treinador lhe dá instruções e objetivos específicos que o ajudarão a ter sucesso e, em seguida, o ajuda a assimilar e a empregar essas estruturas no seu trabalho.

Profissionais que têm a sorte de ter um bom treinador de negócios estão destinados ao sucesso.

Vamos garantir que os membros da nossa equipe tenham um treinador. Um bom gestor sabe como treinar uma equipe.

Aqui estão as cinco características de um bom treinador de negócios:

1. Quer que toda a equipe tenha sucesso no trabalho e na carreira.
2. Tem uma avaliação honesta e objetiva das habilidades e da motivação de cada membro da equipe.
3. Ensina estruturas práticas e habilidades aos membros da equipe, em vez de esperar que eles saibam coisas que nunca aprenderam.
4. Oferece feedback rotineiro, seguro e construtivo para que os membros da equipe possam melhorar.
5. Elogia o sucesso individual de todos na equipe e afirma a transformação que ocorreu na identidade de cada um deles.

Imagine trabalhar pesado para entrar no time de basquete do colégio. No primeiro dia de treino, o técnico alinha a equipe e explica que o segredo para uma temporada de vitórias é simples — que, como equipe, eles precisam marcar mais pontos do que a outra equipe. O treinador então explica que se você não marcar mais pontos que a outra equipe, será responsabilizado. Mas, não se preocupe, porque se o fizer será elogiado e recompensado.

E é isso.

Essa equipe está obviamente destinada à ruína. Por quê? Porque ela não tem treinador, tem uma torcida.

Um treinador explica à equipe como o jogo funciona, avalia os talentos específicos de cada membro e os coloca na posição certa, desenvolve cada um ensinando-lhes comportamentos práticos e repetíveis que melhorarão seu jogo e, em seguida, orienta cada um para a transformação pessoal, para que possam se tornar os melhores jogadores de basquete que podem ser.

No mundo dos negócios, poucos profissionais nem sequer conhecem estruturas de negócios eficazes, muito menos as ensinam aos membros de suas equipes. A maioria das empresas não tem gestores (muito menos treinadores); elas têm líderes de torcida.

Isso tem que mudar.

Como gestor, ensine as estruturas que você aprendeu neste livro aos membros da sua equipe. Ajude-os a entender como a máquina de um negócio funciona e diga-lhes quais conjuntos úteis de habilidades eles já possuem e quais precisam ser aprimorados.

Embora os membros da equipe gostem dos líderes de torcida, eles gostam e respeitam os treinadores. Um bom gestor é um bom treinador.

> **Dica do Dia para Simplificar os Negócios Hoje**
>
> Treine cada membro da equipe ensinando-lhes estruturas que eles podem usar para ter sucesso.

Profissional Orientado para o Valor

* Aumente seu valor econômico pessoal dominando cada uma das competências essenciais.

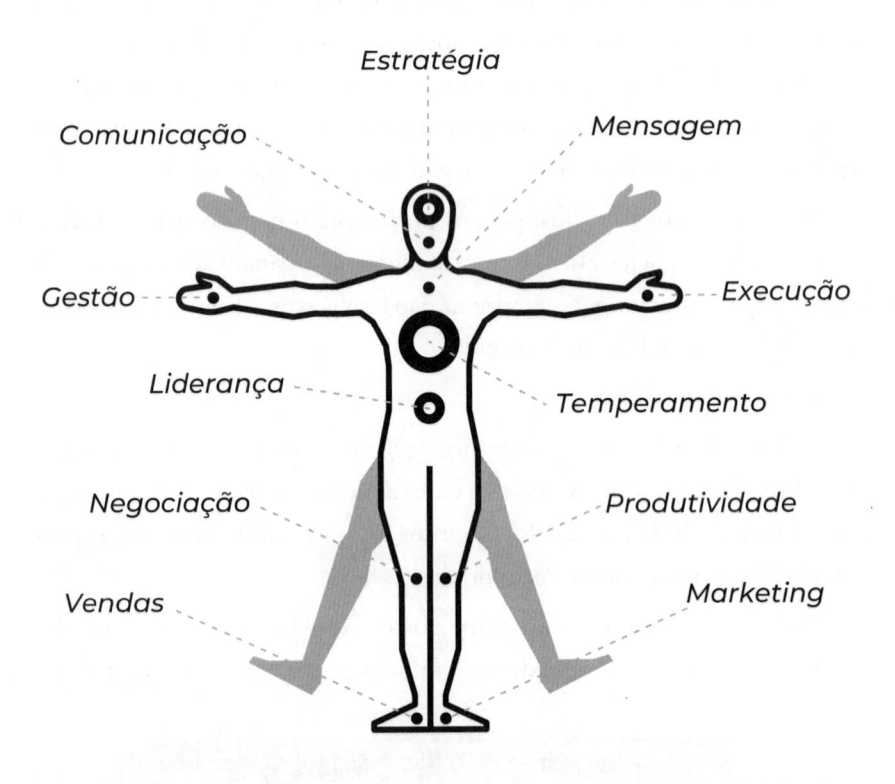

- Estratégia
- Comunicação
- Mensagem
- Gestão
- Execução
- Liderança
- Temperamento
- Negociação
- Produtividade
- Vendas
- Marketing

CAPÍTULO ONZE

SIMPLIFICANDO A EXECUÇÃO

INTRODUÇÃO

Agora que conhecemos o temperamento de um profissional competente, criamos a declaração de missão e os princípios norteadores, aumentamos a produtividade, percebemos como um negócio funciona, esclarecemos a mensagem, aprendemos a fazer uma boa apresentação, entendemos como funciona um funil de vendas de marketing, aprendemos uma estrutura para nos ajudar a vender, como ser um negociador melhor e uma estrutura que nos permite ser um gestor respeitado, vamos aprender a gerir um sistema de execução que garanta equipes apaixonadas e produtivas.

Não há uma característica que eu valorize mais em um membro de equipe do que sua capacidade de execução.

Podemos nos sentar e conversar sobre ideias o dia todo, mas só as ideias que viram produtos vendidos aos clientes impulsionam a empresa.

Agora que sabemos como gerenciar pessoas criando bons processos, como ter certeza de que os executamos?

Sem um sistema de execução, as pessoas trabalham em uma névoa.

Um profissional orientado para o valor que pode instilar e gerenciar um sistema de execução dissipa a névoa e deixa a luz entrar.

O profissional mais bem pago de minha equipe gerencia o sistema de execução. Por quê? Porque ele garante que cada membro da equipe atue no mais alto nível de desempenho.

Uma empresa não ganha dinheiro até que o produto esteja na prateleira, a equipe de vendas, equipada com os recursos de que precisa e a campanha de marketing, sendo executada. Cada grama de energia que um grupo de pessoas gasta é desperdiçado, a menos que o trabalho seja feito e o produto retorne receita e lucro. Uma enorme quantidade de energia é desperdiçada todos os anos por falta de um bom sistema de execução.

Se simplificar a gestão atua nos processos que criam a saída lucrativa de produtos e serviços, simplificar a execução atua na forma como você gerencia as trocas repetíveis (e relacionais) envolvidas nesses processos.

As etapas para a estrutura para simplificar a execução são:

1. Fazer uma reunião para lançar um projeto ou iniciativa.
2. Fazer com que todos preencham um "one-pager".
3. Realizar "verificações de velocidade" semanais.
4. Registrar a pontuação e avaliar o sucesso.
5. Comemorar as vitórias da equipe.

Um mestre em negócios sabe conduzir um processo até a sua conclusão. Simplificar a execução o transformará no membro de equipe que toda organização precisa — alguém que finaliza as tarefas.

DIA 56
Como Executar — Faça uma Reunião de Lançamento

Faça uma reunião de lançamento para lançar o projeto ou iniciativa.

Você foi encarregado de um projeto. Finalmente. Você esperou anos para receber esse nível de responsabilidade e sabe que, se fizer o trabalho bem, você se destacará na empresa. Isso pode significar um aumento, uma promoção ou até mesmo a nomeação como chefe de um departamento. Então, o que você faz em seguida?

Se você for como a maioria das pessoas, fará uma lista de tarefas gigantesca e abrangente e, embora possa pedir ajuda a outros para alguns dos objetivos essenciais, carregará a maior parte do peso sozinho para garantir que tudo fique bem-feito.

Conforme as semanas e os meses passam, você fica confuso sobre o que o chefe realmente queria e então você é atingido por uma pequena crise no departamento. Gerenciar a crise tem prioridade sobre o novo projeto que você foi solicitado a lançar, então você o coloca em segundo plano até que possa voltar a ele.

Depois de um ano, o projeto, antes tão importante, surge em uma reunião e você, timidamente, explica que outras prioridades surgiram.

O chefe fica desapontado e mentalmente o rotula como gerente intermediário, na melhor das hipóteses.

Infelizmente, o chefe está certo. No nível mais alto de qualquer organização, estão as pessoas que podem ou não ser criativas, inteligentes, apaixonadas ou mesmo trabalhadoras. Mas todos sabem dar conta.

Então, como damos conta de terminar as tarefas?

A maneira é dividindo o projeto em partes e, em seguida, gerenciando a conclusão delas usando um sistema de execução.

Quando um projeto importante chegar ao fim, não confie em sua intuição ou em seus instintos sobre a forma de realizar as tarefas. Em vez disso, siga uma lista de verificação cuidadosa com alguns processos de rotina para garantir que ele seja feito, e que seja feito no prazo.

A primeira coisa que você deseja fazer em sua reunião de lançamento é preencher uma planilha de "escopo do projeto". Você encontra uma dessas, em inglês, em ExecutionMadeSimple.com. As quatro perguntas da planilha de escopo do projeto o guiarão para:

1. **Definir uma visão clara do sucesso.** Em uma linguagem cristalina, defina exatamente o que precisa ser feito. Certifique-se de que o sucesso seja mensurável, para saber quando ele foi alcançado.
2. **Designar os líderes.** Certifique-se de que cada aspecto do projeto tenha um líder claramente designado. Alguém deve ser diretamente responsável se um componente do projeto não for realizado.
3. **Identificar os recursos necessários.** Liste todos os recursos de que você e sua equipe precisarão para realizar o projeto. Designe pessoas para coletá-los.
4. **Criar a linha do tempo de marcos importantes.** Em um local público, exiba uma linha do tempo com os principais marcos alcançados.

Se a equipe estiver na sessão de estratégia de execução, responda a todas as quatro perguntas e crie uma garantia necessária em uma única reunião.

No final da reunião, certifique-se de anunciar que o lançamento do projeto é oficial. Isso será um lembrete para a equipe do momento em que o projeto se tornou real. Não é uma ideia, um pensamento, um desejo ou um sonho. É um projeto que foi lançado com a expectativa de ser conduzido até a conclusão.

O segredo é manter o caos de prioridades sob controle. Todas as pessoas devem saber por quais partes do projeto são diretamente responsáveis, quando precisam ser feitas e por que são importantes.

Clareza é um pré-requisito para o compromisso. A menos que haja clareza sobre o que precisa ser feito, por quem e quando, o projeto falhará.

> **Dica do Dia para Simplificar os Negócios Hoje**
>
> Ao realizar uma reunião de lançamento, preencha uma planilha de escopo do projeto para definir uma visão clara do sucesso, atribuir os líderes, identificar os recursos necessários e criar um cronograma com marcos importantes.

DIA 57

Como Executar — Institua o One-Pager

Faça com que cada membro da equipe preencha um one-pager.

Depois de lançar o projeto, todo membro da equipe deve ter clareza sobre duas coisas: as prioridades do departamento e suas prioridades pessoais.

Não importa o sucesso da reunião inicial, a névoa das prioridades confusas acometerá você e sua equipe, e o único objetivo dela é impedir que você conclua o trabalho.

A segunda etapa na estrutura para simplificar a execução, então, é atribuir um one-pager a cada membro da equipe (veja a Figura 11.1). Mais uma vez, você pode baixar um modelo grátis, em inglês, em ExecutionMadeSimple.com.

É uma boa ideia fazer com que cada membro da equipe preencha o one-pager durante a reunião de lançamento. Não se preocupe em acertar da primeira vez. O one-pager é um documento em evolução.

NOME

AS 5 PRIORIDADES DO DEPARTAMENTO
1. _____
2. _____
3. _____
4. _____
5. _____

MINHAS 5 PRIORIDADES PESSOAIS
1. _____
2. _____
3. _____
4. _____
5. _____

MEU PLANO DE DESENVOLVIMENTO
1. _____
2. _____
3. _____

FIGURA 11.1

Conforme o projeto evolui e cada vez mais tarefas são concluídas, as prioridades mudarão.

Na minha empresa, imprimimos e plastificamos one-pagers grandes para que fiquem perto de cada mesa. Por quê? Porque a quase todo momento do dia, as pessoas esquecem quais são suas prioridades.

No turbilhão de telefones tocando e prazos que se aproximam, o cérebro tem dificuldade em lembrar o que importa.

Cada one-pager é intencionalmente simples. Você e os membros da sua equipe só revisarão a "visão clara do sucesso" determinada durante a reunião de lançamento e, em seguida, listarão as cinco prioridades principais de cada departamento e as cinco de cada indivíduo.

Pendurar o one-pager de todos em um local público permite que as equipes analisem constantemente as prioridades umas das outras para solicitarem feedback e manterem todos responsáveis por realizá-las.

Você pode usar one-pagers digitais se quiser, mas na minha empresa preferimos em papel. Gosto que o one-pager fique sempre visível, para que sempre saibamos no que nos concentrar de imediato, não importa o que esteja acontecendo em nossos telefones ou computadores.

Se quiser, sobreponha os one-pagers e pendure-os perto de cada mesa para que todos os membros das equipes os vejam.

Uma vez que os one-pagers estejam completos, todos saberão e serão responsáveis por realizar tarefas muito específicas.

> **Dica do Dia para Simplificar os Negócios Hoje**
>
> Faça com que todo membro da equipe preencha um formulário para estabelecer as prioridades do departamento e as pessoais.

DIA 58

Como Executar — Verificações Semanais de Velocidade

Realize verificações semanais de velocidade.

Muitos projetos morrem imediatamente após serem lançados. Isso acontece por dois motivos:

1. As pessoas se distraem com outras tarefas e obrigações importantes.
2. As pessoas esquecem os detalhes e a importância do novo projeto.

Para atingir a "visão clara do sucesso", determinada no lançamento, terão que ser criados hábitos e rotinas para finalizar o trabalho.

Os hábitos são desenvolvidos apenas quando as ações são repetidas.

Para transformar ações em hábitos, cada membro da equipe deve revisar suas ações e prioridades em uma reunião semanal de verificação de velocidade. A reunião é assim chamada porque seu objetivo é manter o ritmo, sendo rápida e focada.

Pense em uma verificação de velocidade como algo parecido com uma reunião em um jogo de futebol. Não é uma sessão de estratégia. É uma reunião rápida para garantir que todos sabem a jogada e seu papel nela.

Faça a verificação de velocidade em um horário fixo a cada semana e não a ignore.

Certifique-se de que todos tenham seu one-pager durante a reunião para que possam fazer os ajustes necessários.

Certifique-se de que todos tenham preparado respostas por escrito às perguntas de rotina feitas a cada semana.

Preparar os membros da equipe com declarações escritas garante que a reunião seja breve e que as ações necessárias sejam memorizadas.

A estrutura de uma verificação de velocidade deve abranger três afirmações de revisão e três perguntas:

Três Afirmações de Revisão

1. Ler a declaração de "visão clara do sucesso" para o projeto.
2. Revisar as prioridades do departamento do membro da equipe.
3. Revisar as prioridades particulares do membro da equipe.

Três Perguntas

1. Responder: "O que cada membro da equipe fez?"
2. Responder: "O que cada membro da equipe fará?"
3. Responder: "O que os está impedindo de progredir?"

A terceira pergunta é um convite para qualquer membro da equipe pedir ajuda. Uma das funções do líder é remover os obstáculos que impede a equipe de fazer progresso.

Todos devem sair da reunião se sentindo inspirados e focados. O gestor deve sair de uma verificação de velocidade com uma pequena lista de coisas a fazer para remover os obstáculos para cada pessoa.

A verificação de velocidade não deve durar mais de vinte minutos, por isso é melhor fazê-la em pé. Sentar-se e colocar o papo em dia a arrastará e provavelmente levará a menos, e não mais, progresso em direção a uma visão clara do sucesso.

É fundamental não perder nem pular reuniões. Isso só garantirá que a visão clara de sucesso não seja alcançada.

Se você não puder comparecer a uma verificação de velocidade, faça-a por telefone ou remotamente por meio de algum software de conferência.

Se um projeto for crítico ou uma crise ocorrer no processo, considere verificações diárias de velocidade, em vez de semanais. Mesmo que as prioridades e as tarefas pareçam "sempre serem as mesmas" pela frequência. A proporção de atividade para produção ainda aumentará drasticamente por manter a névoa de prioridades confusas longe.

Se deixar de realizar reuniões de verificação de velocidade, seu plano de execução não funcionará e seu projeto ou iniciativa morrerá.

A motivação precisa ser mantida, e as verificações de velocidade de rotina são a forma de fazê-lo.

> **Dica do Dia para Simplificar os Negócios Hoje**
>
> Faça verificações semanais de velocidade com cada membro da equipe para manter a motivação e a responsabilidade.

DIA 59

Como Executar — Registre a Pontuação

Registre a pontuação e avalie o sucesso.

As pessoas precisam medir seu progresso para serem saudáveis e felizes. Esperar que as pessoas se sobressaiam sem dar a elas uma maneira de medir o progresso as deixará loucas e com o moral abalado.

Não há nada melhor para elevar o moral e energizar uma equipe do que fazer com que todos da equipe entendam as regras do jogo, sintam que estão sendo treinados para a vitória e tenham uma prova do seu progresso em um placar público.

O quarto aspecto da estrutura para simplificar a execução, então, é criar um placar público.

Quantas ligações de vendas cada pessoa da equipe de vendas esperava fazer essa semana e como se saíram? Quantas horas os membros da equipe de conteúdo deveriam passar criando novo conteúdo? Quantos tíquetes de atendimento ao cliente os representantes responderam?

Para criar um placar, sente-se com cada membro da equipe e analise as prioridades do seu departamento. Divida-as em tarefas repetíveis, que, sendo realizadas, garantirão que essas prioridades serão atendidas. Em seguida, meça essas tarefas repetíveis em um placar.

Se seus desenvolvedores verificam seções de código de uma lista de necessidades, quantas seções de código o codificador com o qual você está falando poderia verificar normalmente em uma semana?

Com os membros da equipe, crie o placar do departamento.

Perguntas do tipo: *Como você gostaria que seu progresso em direção aos nossos objetivos fosse avaliado?* são importantes para que cada divisão tenha um senso de responsabilidade sobre o projeto geral. Os membros da equipe devem se sentir confortáveis e até entusiasmados com a avaliação.

Você ficará tentado a medir lags, mas não o faça. Novamente, as medidas de lag são medidas como vendas totais, novos leads, produtos enviados, e assim por diante. Depois que as vendas totais forem contabilizadas, não há nada que se possa fazer para aumentá-las. É tarde demais.

Em vez disso, meça leads. Novamente, as medidas de leads representam ações que os membros da equipe podem tomar para alterar as medidas de lag. Se a medida de lag for o total de vendas, uma medida de lead podem ser ligações de vendas que fazem com que as vendas totais ocorram. Portanto, meça as chamadas, em vez das vendas, no painel de avaliação.

Não há problema em ter mais de uma medida de lead na planilha de verificação de velocidade do membro da equipe, mas tome cuidado para não medir mais de três itens. Se o fizer, as pessoas terão dificuldade em saber quais tarefas repetíveis são cruciais. As tarefas mais importantes afetam diretamente os objetivos gerais da sua divisão.

Certifique-se de incluir uma breve revisão do placar na verificação semanal de velocidade (veja a Figura 11.2). Isso não deve demorar mais do que alguns segundos. Após avaliar a pontuação, pergunte se há algo que a divisão pode fazer de forma diferente para melhorar a pontuação.

Se você não deixar as pessoas saberem como estão, o moral sofrerá. Ninguém gosta de correr em uma névoa. As pessoas querem saber aonde e com que velocidade estão indo, com base em pontos visíveis de demarcação.

PLACAR

Ligações de vendas	400
Almoços de negócios	6

FIGURA 11.2

Novamente, quando você dá a seu pessoal placares para medir seu progresso, você está fazendo mais do que aumentar a produtividade; está aumentando o bem-estar geral.

> **Dica do Dia para Simplificar os Negócios Hoje**
>
> Crie um placar personalizado para cada divisão para que todos os membros da equipe saibam como a divisão está.

DIA 60

Como Executar — Comemore as Vitórias

Comemore as vitórias da sua equipe.

Para liderar o sistema de execução, é crucial celebrar as vitórias da equipe e afirmar sua transformação em profissionais orientados para o valor.

Criar uma rotina de celebração é fundamental para o sucesso da equipe.

Infelizmente, muitos líderes competitivos não percebem as vitórias.

Faz sentido. Por estarmos tão entusiasmados com a vitória, quando finalmente alcançamos nosso objetivo, não perdemos tempo celebrando e simplesmente avançamos para o próximo desafio.

Mas a maioria das pessoas não é tão automotivada. Elas precisam ser reconhecidas. E precisam ouvir de alguém com autoridade que a vitória foi realmente uma vitória.

Há uma cena no final da maioria dos filmes que é "a afirmação da transformação". Essa cena envolve dois personagens principais, o guia e o herói. Depois que o herói supera o desafio de cumprir o objetivo, o guia entra, olha o herói nos olhos e diz: "Você mudou. Você está diferente agora. Você é mais forte, mais competente, mais capaz. Parabéns. Você conseguiu."

Yoda e Obi-Wan voltam para acenar em aprovação para Luke. Lionel, o professor de teatro em *O Discurso do Rei*, diz ao Rei George que ele é um grande rei. O Sr. Miagi afirma para Daniel que ele é um campeão em *Karatê Kid*.

Comemorar a vitória de um indivíduo é mostrar a ele que ele mudou, que se tornou mais competente e capaz. Celebrar vitórias é uma rotina crítica e necessária se quisermos desenvolver nosso pessoal.

Para comemorar as vitórias, você precisa:

1. Destacá-las.
2. Torná-las memoráveis.
3. Reconhecer os responsáveis.

Devemos começar a destacar as vitórias. Para isso, usamos os painéis de avaliação. Quando ultrapassamos uma medida em nosso placar, comemoramos.

Segundo, temos que tornar essas vitórias memoráveis. A celebração deve ser correspondente ao sucesso, é claro. Se um membro da equipe atinge sua meta semanal, um cumprimento animado é importante. E se uma meta geral significativa e mensal da empresa for atingida, um almoço no escritório, um bolo, um happy hour ou algo do tipo são adequados.

Como líder, porém, certifique-se de lembrar a celebração com palavras. Os membros da nossa equipe não leem as nossas mentes. Levantar-se durante o almoço e deixar que todos saibam o que estamos comemorando é importante, ou a celebração não elevará o moral nem contribuirá para que a equipe transforme a maneira como pensa sobre si mesma.

Terceiro, você deve reconhecer especificamente aqueles que são diretamente responsáveis pela vitória. Essa é a sua chance de olhar os heróis nos olhos e afirmar sua transformação. Eles estão mais fortes do que antes, mais competentes e mais capazes. Avise-os que eles mudaram e se tornaram ainda mais valiosos para a equipe.

Tenha cuidado para não comemorar não vitórias. Pode ser tentador comemorar a proximidade de uma meta difícil, mas isso diluirá o poder de uma celebração real. Ficar desapontado por não ter atingido uma meta é uma parte importante da vida. Quem gosta de agradar se apressa e oferece apoio e celebra quase vitórias, mas esse apoio não é útil para o desenvolvimento de uma equipe.

Sentir a diferença entre uma vitória e uma derrota faz com que a vitória seja muito melhor. Economize as comemorações para as vitórias reais. Afinal, perder a bola na boca do gol é uma "furada".

Se você comemorar vitórias e aprender com desempenhos decepcionantes, a equipe evoluirá e melhorará constantemente. Todos nós amamos jogar e todos nós amamos ganhar nos jogos que jogamos. Manter um placar e comemorar vitórias torna o trabalho divertido, produtivo e transformador.

> **Dica do Dia para Simplificar os Negócios Hoje**
>
> Comemore as vitórias destacando-as, tornando-as memoráveis e reconhecendo os responsáveis e você aumentará o moral e impulsionará o desempenho.

PARABÉNS

Quando você comprou (ou ganhou) este livro, provavelmente pensou que seria uma simples reflexão diária, mas foi muito mais do que isso. Você recebeu uma educação empresarial que poucos recebem. Se terminou o livro, aprendeu o básico necessário para se tornar um profissional orientado para o valor e também aprendeu sessenta estratégias de negócios que dificilmente ensinam na universidade. Se deseja se tornar um profissional ainda melhor orientado para o valor, reinicie o processo e faça tudo de novo (ou contrate um de nossos coaches certificados). Quanto mais você reforçar o que aprendeu, mais valor econômico terá no mercado aberto, garanto.

É triste ver tantas pessoas pagando fortunas para estudar em instituições de negócios, saírem delas com dívidas enormes, incapazes de comprar sua primeira casa antes dos 30 (o que lhes custa uma década de patrimônio líquido e de acúmulo de riqueza), então começarem a ser sobrecarregadas com planos de saúde, seguros e mais dívidas poucas décadas depois. Nossos alunos merecem o melhor. A educação não deve lhes custar seu sucesso econômico nem sua liberdade. Acredito que, se você dominar o que está neste livro, terá um valor extremo. Você não deveria ter que se endividar para se tornar o que o mercado precisa que seja.

Parabéns por ter se tornado um profissional orientado para o valor. Você é o que o mercado espera há muito tempo. Agora vamos colocar esse conhecimento para trabalhar resolvendo os problemas do mundo.

Para se aprofundar em *Simplificando os Negócios*, faça um dos cursos online Business Made Simple, em inglês, em: BusinessMadeSimple.com.

Para encontrar um coach certificado que o oriente, em inglês, a iniciar ou a expandir os seus negócios, visite:

HireACoach.com.

Para se tornar um coach certificado Business Made Simple, visite: CertifiedBusinessCoach.com.

Para verificar se seu coach ou facilitador é certificado pelo Business Made Simple, procure seu nome em: HireACoach.com.

USE ESTE LIVRO PARA FOMENTAR UMA CULTURA DE APRENDIZADO E DESENVOLVIMENTO.

Dê um exemplar deste livro para cada membro de sua equipe, peça a eles que se registrem em BusinessMadeSimple.com/daily e aproveite os resultados de uma equipe de profissionais orientados para o valor.

USE ESTE LIVRO COMO UMA FERRAMENTA DE ON-RAMPING PARA SUA ORGANIZAÇÃO.

Instrua todos os novos contratados a passarem pelo processo de sessenta dias de Business Made Simple como parte de seu protocolo de on-ramping.

Você comprou mais de mil exemplares deste livro para desenvolver sua equipe?

Todos os anos, chefes de muitas grandes organizações se reúnem na casa de Donald Miller para discutir seus desafios e compartilhar seus sucessos.

Visite www.LeadershipAdvantage.com e saiba mais.

AGRADECIMENTOS

Sem a equipe brilhante de Business Made Simple, este livro não existiria. Minha equipe acorda todas as manhãs sabendo que o treinamento que criamos ajuda milhares de empresas a fazerem mais, a aumentarem a sua receita e a oferecerem melhores empregos para mais pessoas. E por uma fração do custo das universidades. Obrigado por estarem motivados a vencer o sistema acadêmico, bem como a aprenderem e a buscarem o desenvolvimento corporativo. E por acreditarem que todo mundo merece uma educação empresarial transformadora.

Em particular, agradeço a Koula Callahan, Dr. JJ Peterson e Doug Keim, meus colegas da equipe de conteúdo que acrescentaram muito a este livro.

Sempre gostei do meu relacionamento com os editores e produtores da HarperCollins Leadership. Agradecimentos especiais a Sara Kendrick, que editou cuidadosamente este livro com Jeff Farr, e à equipe que trabalhou para editar, compor e ajustar esta narrativa em livro. Agradeço a Sicily Axton e à equipe de marketing da HCL pelo apoio.

Por fim, obrigado por se preocupar com seu próprio desenvolvimento e com o de toda a sua equipe, adquirindo este livro. Acreditamos que o simples conhecimento necessário para o crescimento de um negócio não deve existir por trás de um acesso pago que custe milhares de reais. Os milhares de negócios de sucesso que existem em todo o mundo são a maior ferramenta de que dispomos para combater a pobreza. Sem você, o mundo sofreria. Ao sucesso do seu negócio!

ÍNDICE

A

acreditar em você mesmo 155
alto desempenho 4
ambição positiva 16
analogia do avião 70
    capital e fluxo de caixa 73
    despesas gerais 71
    marketing 73
    produtos e serviços 72
    vendas 73
ancorar a negociação 163
aprender com erros 9
arco de história personalizado
    fórmula 146
argumento de vendas 46
assumir responsabilidade 8
atenção do público
    cativar 44
atividades frenéticas 51
atração gravitacional 164

C

campanha de marketing
    colete e-mails 119
    frase de efeito 115
    site eficaz 117
ciclo de feedback 14
clareza de espírito 21
comportamentos antiprofissionais 14
comunicação estratégica 157
comunidade de trabalho 69
condenação da identidade 26
confiança e familiaridade 110
consequências financeiras e físicas 22
criar clareza 152
culpar a situação 8

D

declaração de missão
    fórmula 35
    simplificada 31
desempenho profissional 14
detectar ameaças físicas 23
dinamizar a mensagem 110
direito ao sucesso 8
distrações urgentes 58

E

empreendimentos arriscados 23
energia
    crucial 12
    mental 59
engenharia reversa 177
esclarecer a mensagem 93
    chamada à ação clara 103
    cliente como herói 99
    o poder das histórias 95
    o problema é a isca 101
    o que está em jogo 106
esforço
    de desenvolvimento 79
    de marketing 73
    de vendas 73
    positivo 25
    significativo 135
especialista em marketing 109
estratégia 71
    despesas gerais baixas 76
    funcionamento de um negócio 71
    priorizar o marketing 83
    produtos certos 80
    proteja o fluxo de caixa 89
    sistema de vendas 86
        etapas 87
    estrutura de negociação 157
        evite a isca emocional 165
        faça a oferta inicial 163
        reparar os detalhes 161
        tipos 159
            colaborativa 159
            competitiva 159

execução
    capacidade de 187
    simplificar a
        etapas 188
            celebrar as vitórias da equipe 199
            one-pager 191
            registrar a pontuação 196
            reunião de lançamento 188
            verificações de velocidade 194
    sistema de 187
exercício de memorização 94

F

filtro
    de combustível 91
        perguntas sobre finanças 90
    mental 112
força de trabalho 1
fórmula para contar histórias 96
frases de efeito 93
fundo falso da negociação 160
funil de vendas 93, 109

G

gancho da história (problema) 128
gerir pessoas 169
    dê feedback útil 180
    identificar os KPIs 175
        indicador

de lag 176
de lead 176
prioridades claras 171
processos simplificados 178
seja um treinador 183
características 184
guia competente 100
características 100
guiar os pensamentos das pessoas 94

H
habilidade de comunicar 126
hero on a mission planner 52
planejamento diário 52
bloquear o tempo 63
decisões diárias sábias 53
horas mágicas 59
não às distrações 61
tarefas prioritárias 55

I
identificar o problema 147
influência emocional 166
investimento econômico 3

L
lead qualificado 144
autoridade para comprar 144
pode pagar o produto 144
problema a resolver 144
líderes dinâmicos 30

linguagem de marketing 84

M
margens de lucro 75
medo da rejeição 154
mentalidade de vítima 10
mercado aberto 2
metodologia Marketing Made Simple 110
mindset
de crescimento 26
categorias 26
de escassez 166
fixo 25
missão
convincente 30
de transformar o mundo 10
modelo de proposta 151

N
não ter arrependimentos 54
navegar pelo conflito 16
táticas 16

O
objetividade 17
oportunidades de maior retorno 51

P
painéis de avaliação 200
perspectiva de negócios 69

plano de vitória 169
poder de alavancagem 166
princípios norteadores 30
    ações críticas 40
    características-chave 36
    conte sua história 42
    definir o tema 47
priorizar tempo e objetivos 52
problemas de motivação 69
processo de esclarecimento 93
produtos
    avaliar o interesse 85
    fortes 81
    leves 81
    líderes em perdas 82
    lucrativos 72
    página de vendas 84
produto/serviço
    características 172
        escalável 173
        mensurável 172
        rentável 172
programa de execução 169

R
refém das emoções 12
rejeitar oportunidades 63
relacionamentos
    estágios 111
        compromisso 113
        curiosidade 112
        esclarecimento 113
remover os obstáculos 195

retorno sobre o investimento 3
risco
    financeiro 5
    /recompensa 23

S
satisfação emocional 162
seja uma pessoa equilibrada 11
senso
    de alinhamento 41
    de urgência 35
série de desafios 44
simplificar a comunicação 127
    apelo à ação 135
    apresentação fenomenal 127
    crie tópicos 129
    preveja o cenário 133
    tema da palestra 137
sistema de vendas 141
    conheça suas falas 148
    convidar clientes à história 146
    criar uma grande proposta 150
    fechar a venda 153
    qualificação de lead 143
sobrevivência do cliente 112
sonhar acordado 95
    mecanismo de sobrevivência 95

T
tempo de inatividade 152
traços de temperamento 1
tranque os portões do drama 11
transformar ações em hábitos 194

V

valor
- agregar 1
- profissional orientado ao 2
  - dez características 2
    - feedback como presente 13
    - forma certa para conflitos 15
    - mindset de crescimento 25
    - não a ficar confuso 21
    - otimismo implacável 23
    - reduzir o drama 11
    - ser confiável e respeitado 17
    - tendência à ação 19
    - ver-se como herói 7
    - ver-se como produto econômico 3

vendas incrementais 82

verificação de velocidade
- estrutura 195

SOBRE O AUTOR

Donald Miller ajudou mais de 50 mil negócios a esclarecerem suas mensagens de marketing para crescerem. Ele é CEO de *Business Made Simple*, apresentador do podcast *Business Made Simple* e autor de vários livros, incluindo os best-sellers *StoryBrand* e *Marketing Made Simple* [*Simplificando o Marketing*, em tradução livre].

@DonaldMiller no Instagram e no Twitter

Projetos corporativos e edições personalizadas
dentro da sua estratégia de negócio. Já pensou nisso?

Coordenação de Eventos
Viviane Paiva
viviane@altabooks.com.br

Assistente Comercial
Fillipe Amorim
vendas.corporativas@altabooks.com.br

A Alta Books tem criado experiências incríveis no meio corporativo. Com a crescente implementação da educação corporativa nas empresas, o livro entra como uma importante fonte de conhecimento. Com atendimento personalizado, conseguimos identificar as principais necessidades, e criar uma seleção de livros que podem ser utilizados de diversas maneiras, como por exemplo, para fortalecer relacionamento com suas equipes/ seus clientes. Você já utilizou o livro para alguma ação estratégica na sua empresa?

Entre em contato com nosso time para entender melhor as possibilidades de personalização e incentivo ao desenvolvimento pessoal e profissional.

PUBLIQUE SEU LIVRO

Publique seu livro com a Alta Books. Para mais informações envie um e-mail para: autoria@altabooks.com.br

CONHEÇA OUTROS LIVROS DA ALTA BOOKS

Todas as imagens são meramente ilustrativas.

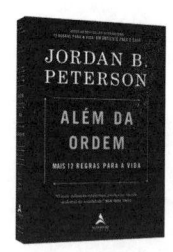

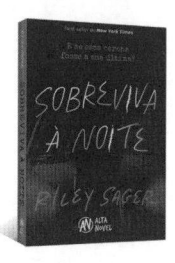

/altabooks /alta-books /altabooks /altabooks